# FABULAE

First published in 1914 by G. Bell and Sons, Ltd.
Reprinted 2020 by Nigel Gourlay, Chapel-en-le-Frith.

# FABULAE

VIRGINIBUS PUERISQUE AUT NARRANDAE AUT RECITANDAE

BY

R. B. APPLETON

CHAPEL-EN-LE-FRITH
NIGEL GOURLAY
2020

# PREFACE

The magic words *Fābulam vōbīs nārrābō* never fail to arouse just that tingle of excitement and rapt attention in the class-room which their English equivalents have always occasioned in the nursery. This collection may be used as an occasional reading-book for lower forms, when it will be found, I trust, no less interesting than those generally in use. Many teachers have found that it is often very profitable to have an additional reading-book to be used intermittently for the sake of avoiding boredom. This is especially the case with young pupils who are apt to get tired of continually reading from one book. Those who so use this book will not, of course, follow the order of the stories. Many of the shortest and simplest are in the middle of the book. Those who teach Latin on the *Direct Method* will find here a large number of stories which I have myself found useful for telling to my classes. If so used, the stories should be *told* and not *read.* Some of the shorter ones are suitable for a quite elementary stage, and many of the longer ones can be told in two parts. A knowledge of the chief syntax constructions is assumed. Should the class not have this, it would be advisable to read first *Pōns Tīrōnum*, a fourth-term book, which Messrs. Bell have recently published for Mr. W. H. S. Jones and myself.

For material I have drawn extensively upon Hyginus for the commoner classical stories and upon Apuleius for the magical element. Fulgentius and the summary of the arguments of Ovid's *Metamorphoses* by the scholiast Placidus have also been of particular use, but the stories are really gathered from a variety of sources. Pliny the elder, Plutarch, Herodotus, Pausanias, Valerius Maximus, Diogenes Laertius, Zenobius, Erasmus, and the dictionaries of Suidas and Stephanus have all been laid under contribution.

I am indebted to Dr. W. H. D. Rouse and Mr. W. H. S. Jones for their great kindness in reading through the proofs; what accuracy of scholarship the book contains is very largely due to their vigilance. For the mistakes I alone am responsible.

R. B. A.

# CONTENTS

# DĒ SĀGĪS

## I

Ad Thessaliam ōlim negōtia aliquot āctūrus profectus eram, cum duōs viātōrēs, quī forte paululum prōcēsserant, invēnī. Mox itinere dēfessī omnēs ad dēversōrium vēnimus, cūius caupōna erat sāga quaedam nōmine Meroē. Ita fessī erāmus ut statim cubitum īrēmus. Ūnus ē comitibus meīs, cuī nōmen Sōcratēs, simul āc sē in lectum iēcit, stertere incēpit. Ego tamen, adductīs foribus, pessulīsque obditīs, grabātulum meum post cardinēs, nē quis posset intrāre, posuī. Tum dēmum somnō mē dabam. Prīmō tamen prae metū vigilō; deinde circā tertiam ferē vigiliam· paululum obdormiō. Subitō autem impulsū māiōre quam ut latrōnēs adesse crēderēs iānua reserātur.

## DĒ SĀGĪS

### II

Grabātulus meus tantā impetūs violentiā prōsternitur. Mē quoque ēvolūtum ēiectumque tegit. Dum in fimum dēiectus quid acciderit mīror, duās prōvectae aetātis mulierēs videō. Lucernam ferēbat prīma, altera spongiam et gladium nūdum. Ad Sōcratem, quī altē dormiēbat, appropinquāvērunt, et ea quae gladium ferēbat, capite ēius ad dextram dīmōtō, per iugulum capulō tenus gladium tōtum dēmersit. Deinde sanguinem effluentem, ūtre admōtō, ita dīligenter excēpit ut nūlla stīlla appārēret ūsquam. Tum, dextrā per volnus ad vīscera penitus immīssā, cor miserī contubernālis meī extrāxit. Quibus factīs, ambae statim abiērunt.

## DĒ SĀGĪS

### III

Simul āc sāgae illae abiērunt, ego humī prōiectus, nūdus et frīgidus, īmmō vērō sēmimortuus, "Quid," inquam, "mē fīet, cum Sōcratēs iugulātus māne appāruerit?" Optimum igitur vīsum est fūrtim ēvādere, nē quis mē Sōcratem putāret interfēcisse. Itaque pessulōs redūcō, et, iānuā apertā, "Heus tū," inquam, "ubi es? Valvās stabulī absolve! ante lūcem abīre volō." Sed haec mihi clāmantī iānitor sēmisomnus, "Quid tū," inquit, "clāmās? Īgnōrāsne latrōnibus īnfēstārī viās, quī hōc nocturnum iter incipiās? Facinorisne alicūius cōnscius morī cupis? Quōmodo scīre possum utrum, comite tuō iugulātō, fugā praesidium quaerās necne?"

# DĒ SĀGĪS

## IIII

Quibus audītīs, sāgās intellēxī nōn misericordiā commōtās mihi pepercisse, sed ob saevitiam crucī mē reservāsse. In cubiculum igitur reversus, diū mēcum dēlīberābam quō modō mortem mihi possem cōnscīscere. Sed cum nūllum aliud tēlum mortiferum Fortūna quam grabātulum sōlum mihi subministrāret, restim, quā intextus erat grabātulus, expedīre aggredior. Deinde, alterā parte suprā tīgnum, quod ē mūrō ēminēbat, iniectā, alterā in nōdum coāctā, grabātulum ascendō, et caput in laqueum īnserō. Sed dum grabātulum, quō sustinēbar, pede alterō repellō, repente vetus āc putris ille fūnis dīrumpitur, et Sōcratem, quī iūxtā iacēbat, ego dē altō recidēns tōtō corpore obruō, ambōque nōs in terram dēvolvimur. Ad haec, cāsū meō experrēctus, Sōcratēs exsurgit.

# DĒ SĀGĪS

## V

Posterō diē māne ē dēversōriō proficīscimur. Āt ego iugulum Sōcratis, quā parte gladium dīmersum vīderam, cūriōsē spectābam; nec dubitāre poteram quīn vēsānus fuissem. Namque integrum et incolumem Sōcratem vīdī. Sed somnium meum eī nārrāre incēpī. Ad haec ille arrīdēns respondit sē quoque per somnium sibi iugulārī vīsum esse. Mox aliquid cibī edere volēbat; cuī ego, pānem et cāseum ē saccō dēprōmēns, "Ecce," inquam, "parātum tibi adest ientāculum; iūxtā platanum istam cōnsīdāmus." Sed dum edimus, maciē et pallōre Sōcratem affectum esse vīdī. Nihil tamen dīxī; at Sōcratēs, cum māiōrem cāseī partem avidē dēvorāvisset, sitīre coeperat. Itaque eī imperāvī ut dē fluviō, quī haud ita longē fluēbat, biberet.

# DĒ SĀGĪS

## VI

Sōcratēs igitur, ut sitim exstingueret, ad flūmen sē contulit. Sed vix satis extrēmīs labrīs summam attigit aquam, cum in iugulō ēius volnus in profundum dehīscit, et spongia, quam sāgae imposuerant, repente dēvolvitur! Ego, quamquam māgnō terrōre affectus eram, eī succurrī, nam corpus ēius exanimātum in flūmen paene cecidit. Alterō tamen pede retentō, vix et aegrē ad superiōrem rīpam eum adtrāxī. Quibus factīs, cadāver rīte dēflētum in arēnā sepelīvī. Ipse trepidus et terrōre affectus per remōtās et āviās sōlitūdinēs, quasi sceleris mihi cōnscius, aufūgī. Cum pauca mīlia passuum prōgrēssus essem, aliam intrāvī tabernam, ubi dē caupōnā quaesīvī num Milōnem quemdam nōvisset.

# DĒ SĀGĪS

## VII

Quae cum rogāvissem, caupōna mihi respondit Milōnem locuplētem vērō, avāritiae tamen extrēmae esse, quī ūsūrae nōmine pecūniam aliīs perscrīberet. Dēmōnstrāvit praetereā ubi habitāret. Illīc statim mē contulī, et iānuam claustrīs pāctam pulsāre incēpī. Tandem mulier quaedam ēgrēssa, "Heus tū," inquit, "quī tam fortiter forēs verberāstī, num mūtuārī cupis?" Cum mē lītterās ab amīcō quōdam portāre respondissem, ut intrārem ōrāvit. Domum igitur ingrēssus Milōnem grabātulō exiguō accumbentem et cenāre incipientem invēnī; quī, vacuā mihi appositā mēnsā, "Ēn," inquit, "hospitium." Nihil cibī aderat; sed mē cēnāre simulāvī. Haud ita multō post hospitem meum, ut ita eum nōminem, ut mihi cubitum īre licēret ōrāvī.

# DĒ SĀGĪS

## VIII

Posterō diē iēiūnus, īmmō vērō iēiūnissimus, experrēctus, Milōnī mē ad balneās exitūrum dīxī. Rē vērā, ut aliquantulum cibī emerem, forum petiī; quō cum vēnissem, piscēs in pūblicō expositōs vīdī. Ē venditōre quantō essent quaesīvī; et illī vīgintī poscentī dēnāriōs sēdecim dedī. Ē forō dīgrēssus amīcō cuīdam obviam īvī, quī mihi dīxit sē annōnam cūrāre et aedīlem sē gerere. Cum piscēs meōs vīdisset, quantī parāvissem rogāvit. "Vix," inquam, "piscātōrī persuāsī ut sēdecim acciperet dēnāriōs." Quibus audītīs, aedīlis ille ad piscātōrem reversus, "Quid, malum," inquit, "fēcistī, quī tantō pretiō inūtilēs vēndidistī piscēs? Sed nōn impūne fēceris." Quō dictō, piscēs in medium profūsōs servum iūssit tōtōs pedibus suīs obterere, et, "Hōc modō," inquit, "fūrēs pūnior." Sed, cum piscātor nummōs meōs accēpisset, mē quoque eum pūnīrī putāvī.

## DĒ SĀGĪS

### VIIII

Tribus post diēbus per forum prōgrēssus prōcērum quemdam senem animadvertī, quī clārā vōce num quis mortuum cūstōdīre vellet rogābat. Quae cum audīvissem, ad praetereuntem quemdam versus, "Quid hōc," inquam, "audiō? Solentne mortuī hīc aufugere?" "Tacē," respondit ille, "nam iuvenis et peregrīnus es. Num īgnōrās tē in Thessaliā esse, ubi ōra mortuōrum sāgae passim rōdunt, ut sanguinem hūmānum magicīs suīs artibus subministrent?" Quibus audītīs, eum rogāvī quid ut corpora cūstōdīrentur esset faciendum. "Tōtam noctem," respondit, "vigilandum est, oculīs semper in cadāver intentīs; nam sāgae, corpore in quodvīs animal conversō, cadāverī appropinquāre possunt. Quō modō omnēs dēcipiunt; namque et avēs et canēs et mūrēs, īmmō vērō etiam muscae, fīunt. Sed, nisi māne integrum inventum erit corpus, cūstōdī necesse erit partem āmīssam dē suā faciē renovāre."

## DĒ SĀGĪS

### X

Simul atque haec audīvī ad senem versus, "Clāmāre," inquam, "iam dēsine. Adest tibi cūstōs parātus. Cedo praemium." Senex igitur mē domum cūiusdam perdūxit, ubi mihi dēmōnstrāvit mātrōnam flēbilem, fūscā veste contēctam, quae mē ōrāvit ut quam dīligentissimē corpus marītī suī cūstōdīrem. Deinde in aliud cubiculum mē indūxit, ubi cadāver splendidīs linteīs coopertum vīdī. Septem deinde tēstibus intrōductīs, vidua corpus revēlāvit, et singula dēmōnstrāns, "Ecce," inquit, "nāsus integer, incolumēs oculī, salvae aurēs, labra illībāta, mentum solidum." Quō dictō, iam exīre incipiēbat; sed ego eam ōrāvī ut omnia quae mihi ūsuī essent adhibēret; cuī quae vellem rogantī, "Lucernam," inquam, "et māgnam oleī cōpiam velim dēs." Itaque ancillae cuīdam imperāvit ut haec mihi daret. Quibus adhibitīs, omnēs statim exiērunt.

## DĒ SĀGĪS

### XI

Cum omnēs exiissent, ego nūllō nisi cadāvere comite in cubiculō sum inclūsus. Iamque crepusculum aderat, et nox prōvecta, et nox altior, deinde iam nox intempesta. Māgnō terrōre affectus sum, cum repente sub iānuam rēpsit mustēla. Simul āc mustēlam vīdī, omnia quae senex mihi exposuerat in memoriam revocāvī, et, mustēlam sāgam esse ratus, eī quōminus cadāverī cūstōdiendō appropinquāret obstitī. Nūllō modō mē fallere poterat mustēla. At ego operam dedī ut eam ē cubiculō agerem; id quod tandem perfēcī. Deinde cūrā solūtus, quippe quī sāgam tam facile vīcissem, somnō resistere nōn iam potuī. Obdormiēbam igitur, sed subitō experrēctus nimiōque pavōre perterritus, cadāver īnspexī. Ō mē beātum! integrum erat, et mihi grātulātus sum quod omnia adeō prōsperē ēvēnerant.

# DĒ SĀGĪS

## XII

Postrīdiē corpus per forum, māgnā comitante pompā, ut sepelīrētur ductum est. Subitō tamen senex quīdam accurrit, quī clāmāns, "Quirītēs," inquit, "cīvī interfectō succurrite, extrēmumque facinus in nefāriam scelestamque istam fēminam sevēriter vindicāte! Haec enim (et viduam, cūius marītī corpus ego cūstōdīveram, digitō dēmōnstrāvit) miserum adulēscentem venēnō exstīnxit." Quae cum fēmina negāvisset, senex vātem quemdam adesse respondit, quī paulisper ab īnferīs spīritum redūcere posset, quō modō nōs omnēs vēra repertūrōs. Omnibus igitur flāgitantibus, deōs precibus quibusdam vātēs dēfatīgāre incēpit, herbulāsque alteram ob ōs, alteram suprā pectus cadāveris, incantantis rītū, posuit. Quibus factīs, pectus tumōre extollī, sanguis per vēnās salūbrēs currere, corpus spīritū implērī coepit.

# DĒ SĀGĪS

## XIII

Deinde, admīrantibus omnibus, cadāver assurgit āc profātur. "Quid, ōrō," inquit, "mē post Lēthaea pōcula, iam Stygiīs palūdibus innatantem ad vītam redūcis? Dēsine iam, precor, dēsine, et mē in quiētem remītte meam." Quae cum audīrent, cēterī vērō timēbant; vātēs tamen dē cadāvere petiit ut quōmodo mortuum esset omnibus nārrāret. Cuī cadāver, "Noxiō," inquit, "pōculō exhaustō, quod nūpta mea mihi dedit, statim periī." Tunc uxor summā audāciā marītō suō resistēns altercārī incēpit; aliī alia clāmābant, hī pessimam fēminam adhūc vīventem cum mortuō marītō sepeliendam; aliī mendāciīs cadāveris fidem nōn habendam. Sed mox nōn dubium erat quīn adulēscēns vēra nārrāvisset; nam rūrsus, "Dabō," inquit, "dabō vōbīs vēritātis documenta," et omnēs statim quid esset āctūrus mīrābantur.

## DĒ SĀGĪS

### XIIII

Admīrantibus omnibus, adulēscēns hunc in modum perrēxit: Digitō suō mē dēmōnstrāns, "Hīc," inquit, "dum corpus meum cūstōdit, sāga quaedam cubiculum intrāvit. Cum cubiculum esset ingrēssa, somnō cūstōdī iniectō, mē nōmine vocāre incēpit. Hīc tamèn—namque eōdem mēcum nōmine forte appellātur—īgnārus per somnum exsurgit. Ad iānuam it, et vicāriam prō mē poenam subit. Nam nāsō prius āc mox auribus abscīsīs, sāga eī nārēs et aurēs ex cērā fīctās imposuit." Hīs verbīs perterritus ego manū nāsum prehendō. Manum nāsus sequitur! Deinde aurēs pertractō; aurēs in humum cadunt! Itaque, neglēctā reliquā adulēscentis nārrātiōne, inter rīdentēs ēvādō. Posteā autem, crīnibus hinc inde dēiectīs, aurium volnera cēlāvī, nāsīque dēdecus, linteō obductō, dīligenter obtēxī.

# LŪDIBRIUM

## I

Ōlim apud amīcum quemdam cēnātus, crāpulā distentus domum titubantis gradū redībam, cum subitō lūmen quod ferēbam ventō exstinguitur. Multum per tenebrās vagātus, digitīs pedum in lapidēs offēnsīs, domum tandem pervēnī. Quō cum vēnissem, statim trēs quōsdam vegetōs virōs māximīs corporibus forēs meās irruentēs invēnī. Prīmō quālēs essent nesciēbam, deinde nōn immeritō latrōnēs esse mihi vidēbantur. Statim igitur gladium veste meā contēctum stringō; nec cūnctātus mediōs latrōnēs invādō. Diū pūgnātum est, sed omnēs tandem interfēcī. Intereā servus quīdam pūgnantium tumultū ē somnō excitātus iānuam mihi aperuit; ego anhēlāns et sudōre madidus in cubiculum ut dormīrem mē recēpī.

# LŪDIBRIUM

## II

Prīmā lūce cum quantum facinus commīsissem recordārer, māgnō terrōre affectus sum. Iam forum et iūdicia, iam sententia, ipse dēnique carnifex mihi imminēre vidēbantur. Nōn dubitāre poteram quīn futūrum esset ut inter sīcāriōs accūsārer. Neque spērāre poteram mē crīminis absolūtum īrī, quippe quī trēs virōs ipse meā manū trucīdāvissem. Quae cum mēcum recordārer, patefactīs repente foribus, māgna clāmantium turba cubiculum meum irruit, et magistrātuum iūssū duo līctōrēs, manibus immīssīs, mē ad carcerem trahere incēpērunt. Nūllō modō effugere potuī, et līctor alter, "Quicquid," inquit, "dīcēs, prō tēstimōniō contrā tē erit." Tacuī igitur, et līctōrēs forum versus mē dūcēbant. Māgna rīdentium turba nōs comitāta est, sed quam ob rem rīdērent nesciēbam. Equidem vērō māgnō terrōre affectus sum.

# LŪDIBRIUM

## III

Cum ad forum pervēnissēmus, statim inter sīcāriōs accūsātus sum. Praecō māgnā vōce accūsātōrem vocāvit, quī, "Nōn necesse," inquit, "iūdicēs, est multa dīcere. Rem ipsam nārrābō; namque ego, quippe quī nocturnīs cūstōdiīs praefectus sim, hāc nocte plateās cūstōdiendī causā circumībam, cum istum crūdēlissimum iuvenem, mucrōne strīctō, cīvēs invādentem offendī. Simul āc mē appropinquantem cōnspexit, tergum dedit, nōn prius tamen quam trēs virōs saevissimē trucīdāvit. Sevēriter igitur, iūdicēs, caedem tam saevam, tam inaudītam, in hunc scelestum, nefārium, improbissimum vindicāte!" Deinde ut iūdicēs misericordiā commōtī quam vehementissimē in mē saevīrent, ōrāvit ut corpora necātōrum hominum revēlārentur. Praetor igitur mihi imperāvit ut corpora ipse meā manū revēlārem. Corpora inter omnium rīsūs retēxī. Deōs immortālēs! Quae fortūnae meae repentīna mūtātiō! nam cadāvera illa iugulātōrum hominum erant trēs ūtrēs ventō īnflātī multīsque sectī forāminibus! Quibus vīsīs, intellēxī nescioquem mē lūdibriō habuisse.

# PAMPHILĒ

## I

Ōlim apud sāgam quamdam, cuī nōmen erat Pamphilē, manēbam, quia cōgnōscere volēbam quid facere posset sāga. Ancilla igitur mē ad dominae suae cubiculum perdūxit, ut per iānuae rīmam spectārem. Sāga in cubiculō erat. Prīmō omnia sua vestīmenta exuit; deinde, cistā parvā apertā, unguentum extrāxit, quō tōtum corpus suum oblinere incēpit; multaque lucernam allocūta omnia membra quatere coepit. Mox plūmae crēscere incipiēbant; nāsus incurvus fīēbat, unguēs aduncī. Pamphilē būbō est facta, atque ē fenestrā ēvolāvit.

## PAMPHILĒ

### II

Quō vīsō, ego ancillam ōrāvī ut aliquantulum hūius unguentī mihi quoque daret. Itaque ancilla cubiculum intrāvit, cistamque ablātam mihi dedit. Avidē manūs meās in cistam immersī, et omnia corporis membra unguentō perfricuī. Deinde brāchia lībrāre incēpī; nūllae tamen crēscēbant plūmae, sed capillus mihi in sētās est mūtātus; cutis in corium dūrēscēbat; digitī concrēscunt, manūs et pedēs fīunt ungulae, dē corpore prōcēssit cauda! Faciem ēnormem, nārēs hiantēs, labra pendula habuī, et mē nōn avem esse percēpī sed asinum!

# PAMPHILĒ

## III

Ancilla autem, cum mē asinum esse factum vīdisset, faciem suam manibus percutere incēpit, et clāmāns, "Ō mē miserrimam," inquit, "occīsa sum! Fēstīnātiō mea mē fefellit, cistārumque similitūdō mē dēcēpit. Sed simplex est remedium. Oportet tē rosam edere, statimque in fōrmam hūmānam redībis. Prīmō dīlūculō remedium tibi dabō." Equidem vērō, quamquam asinī fōrmam gerēbam, sēnsum tamen hūmānum retinuī, et diū mēcum dēlīberābam utrum calcibus meīs nēquissimam fēminam necāre dēbērem necne. Hōc tamen, nē remedium omnīnō āmītterem, facere nōluī. Itaque ad stabulum mē contulī, ubi equum meum aliumque invēnī asinum.

## PAMPHILĒ

### IIII

Cum stabulum intrāvissem, equum meum āgnōvī, quem spērābam hospitium mihi praebitūrum esse. Sed equus meus asinusque ille nē praesaepiō quidem mē sinēbant appropinquāre. Auribus dēiectīs, īnfēstīs calcibus mē calcāre incēpērunt. Itaque in angulum stabulī, nē calcibus eōrum laederer, mē contulī; ubi, ō mē beātum! corōnam ē rosīs textam, quae dē stabulī tēctō pendēbat, aspexī. Extēntīs statim priōribus pedibus, nec nōn labrīs porrēctīs, summīs vīribus īnsurgō corōnam appetendī causā. Sed, ō mē miserum! servus quī stabulum cūrābat, valdē indīgnātus fūstem ē fasce līgnōrum extrāxit, quō tergum meum tundere incēpit. Tantā vī ūsus est ille, ut nōn facere possem quīn ā cōnātū dēsisterem.

## PAMPHILĒ

### V

Mediā nocte, valvīs patefactīs, latrōnum turba māgnō impetū stabulum invādit. Gladiōs et facēs, quibus noctem illūminārent, omnēs ferēbant; quī, cum stabulō nihil inesse invēnissent, horreum frūmentō refertum claustrīsque validīs pāctum aggrēssī, valvās secūribus effrēgērunt. Quibus patefactīs, tōtās opēs rapere incēpērunt; sed sarcinās portāre nōn poterant omnēs. Hī igitur quid facerent diū dēlīberābant. Tandem ūnus ex eīs stabulum iterum ingrēssus et mē et asinum et equum meum, quōs graviōribus sarcinīs onerārent, ēdūxit. Quibus factīs, omnēs nōs per āvia montium abdūxērunt.

# PAMPHILĒ

## VI

Tantō frūmentī pondere onerātus eram ut nōn multum abesset quīn morerer. Utinam numquam apud sāgam īvissem! Utinam numquam quid facere posset sāga invenīre cupiissem! Sed factī sērō mē paenituit. Prōgrediendum mihi erat, frūmentumque portandum. Frūstrā latrōnibus mē hominem nōn asinum esse dīcere cōnātus sum. Tandem autem, dum oppidum quoddam praeterīmus, māgnam hominum multitūdinem, quī ad forum convēnerant, vīdī. Itaque loquī temptāvī, sed nihil nisi rudere potuī! Latrōnēs praetereā, raucā meā vōce incēnsī, tot verberibus miserum meum corium caedēbant, ut nē crībrō quidem iam idōneum esset.

## PAMPHILĒ

### VII

Sed tandem auxilium mihi Iūppiter dedit; nam dum oppidum quoddam praeterīmus, hortulum quemdam aspexī satis amoenum, in quō rosae quaedam flōrēbant. Simul atque rosās vīdī, omnia quae improbissima illa ancilla mihi dīxerat in memoriam revocāvī, et id ēgī ut rosīs potīrer. Itaque, nūllō vidente, hortulum sine morā ingrēssus, rosīs iam inhiābam; mihi quod remedium iam invēneram grātulābar, nec multum aberat quīn rosās ederem, cum repente aliquis speciē horribilī domō ēgrēssus tot verberibus mē percussit, ut nōn facere possem quīn in fugam mē darem. Itaque adhūc asinus faenum rōdēbam.

# PAMPHILĒ

## VIII

Tertiō diē ad latrōnum spēluncam tandem pervēnimus, ubi sarcinīs levātōs in proximum prātum nōs pāstum abēgērunt. Postrīdiē mē ad urbem ut vēnderent dūxērunt. Quō cum perventum esset, praecō māgnā vōce quis mē emere vellet rogābat. Complūrēs aetātem meam dē dentibus computāre cōnātī sunt, quōrum digitōs ego mordēre temptāvī. Diū nēmō mē emere voluit; praecō autem clāmāns, "Ēgregium," inquit, "hīc asinum vēnum dō. Spectā quā faciē, quā sit statūrā! Crēderēs eum sēnsum hūmānum habēre." Quibus audītīs, ēmptor quīdam, postquam num mānsuētus essem rogāvit, mē nōn ita māgnō pretiō ēmptum domum sēcum redēgit.

## PAMPHILĒ

### VIIII

Is quī mē ēmerat servus quīdam erat, cuī postrīdiē dominus pinguissimum cervī femur ad cēnam parandam mīsit. Hōc nēgligenter post culīnae forēs suspēnsum canis quīdam fūrtim abstulit. Quō damnō cōgnitō, servus dominī īram ita timēbat, ut mortem sibi cōnscīscere cōnstitueret. Uxor tamen, quae marītō multō erat prūdentior, eī obstitit quōminus hōc faceret. "Tam stultusne," inquit, "es, ut remedium, quod fortūna tibi dedit, percipere nōn possīs? Nam, hōc asinō interfectō, abscīsōque femore, efficere poteris ut dominus utrum asinī an cervī edat carnem nesciat." Quibus audītīs, servus uxōris cōnsilium laudāvit, cultrōsque statim acuere coepit.

## PAMPHILĒ

### X

Ego autem, carnifice meō haec parante, effugere cōnstituī. Diū occāsiōnem idōneam frūstrā exspectābam; sed tandem, vinculō quō alligātus eram abruptō, cursū celerrimō effūgī, et cēnāculum, ubi dominus, triclīniīs appositīs, cēnābat, irrūpī; tantōque impetū intrāvī ut omnēs ēverterem mēnsās, summamque convīvīs inicerem perturbātiōnem. Quō factō, dominus ita est īrātus ut servīs imperāret ut mē statim abductum in stabulō, sīcut in carcere, inclūderent. Dominō servī nōn sine timōre pāruērunt, et mē in stabulum abdūxērunt. Ego tamen nūllō dolōre affectus sum, quia mortem scīlicet hōc modō effūgī. Faenum igitur, dum fortūnae vicēs reputō, aequō animō rōdō.

# PAMPHILĒ

## XI

Posterō diē, valvīs stabulī apertīs, servī quīdam intrāvērunt, quī ad molās versandās mē abēgērunt; cūius tantī labōris mox ita mē taedēbat, ut nōn procul abesset quīn prae taediō morerer. Itaque frūmentum ambulandō molere nōn iam voluī; neque efficere poterant servī ut operī incumberem. Tandem autem ūnus ex eīs clāmāns, "Nōn dubium est," inquit, "quīn asinus aegrōtet. Ad stabulum est redūcendus." Cēterī autem servī mē flagellāre perrēxērunt, sed cum nihil efficere possent, exercitātiōne dēfessī ad stabulum mē redūxērunt; quō modō ego asinus hominēs dēcēpī; nōn enim putāvērunt posse fierī ut asinus hominēs dēciperet.

# PAMPHILĒ

## XII

Nōn ita multō post dominus meus, cum ut molās versārem nōn efficere posset, duōbus frātribus mē vēndidit, quōrum alter pīstor, coquus alter erat. Hī tabernam quamdam habēbant, ubi māgna placentārum crūstulōrumque erat cōpia. Iūxtā hūius tabernae parietem erat stabulum meum. Itaque, capite per forāmen immīssō, crūstula placentāsque edere poteram; et faenī mē adeō taedēbat, ut nōnnihil ē tabernā cottīdiē fūrārer. Quis cibum auferret frātrēs nesciēbant, et alter alterum accūsāvit. Tandem autem mē tam pinguem fierī percēpērunt, ut suspicārī incēperint fierī posse ut ego essem fūr. In tabernā igitur latēbant, et mē caput per forāmen īnserentem vīdērunt.

## XIII

Quae cum frātrēs vīdissent, omnī suī damnī cūrā dēpositā, rīsū māximō dīrumpuntur, vocātōque ūnō et alterō et deinde plūribus amīcīs, īnfandam asinī gulam dēmōnstrant. Tantus dēnique āc tam frequēns cachinnus cūnctōs invāsit, ut ad aurēs praetereuntis quoque cūiusdam pervenīret; quī tabernam ingrēssus ita novitāte spectāculī est dēlectātus, ut frātribus persuādēret ut mē sibi vēnderent. Solūtā pecūniā, domum mē ēgit; et, cum suīs ipse manibus ad triclīnium mē perdūxisset, mēnsā appositā, omne cibī genus appōnī iūssit. Quem ad modum dum cēnāmus, ego asinus, homō ille, ūnus ex praesentibus, "Date," inquit, "sodālī huic aliquantulum merī." Quō dictō, servus mihi vīnum subministrāvit; at ego, labrō īnferiōre prōlātō, grandissimum illum calicem ūnō haustū dēvorāvī.

## PAMPHILĒ

### XIIII

Quod tam bene hūmānās imitābar āctiōnēs, dominus meus valdē gaudēbat. Mox, cubitō suppositō, mēnsam accumbere, deinde luctārī, etiam, sublātīs pedibus, saltāre mē docuit; quodque mīrābilius erat omnibus, verbīs nūtum ita accommodāre, ut quod nōllem, sublātō, quod vellem, dēiectō capite, mōnstrārem. Quae omnia, ut dominō meō mōrem gererem, perfacile fēcī; quī cum nimiōs vidēret mē spectātum domum suam frequentēs, obserātīs foribus āc singulīs modo spectātōribus admīssīs, stipēs ob spectāculum accipere coepit. Pūblicum dēnique spectāculum adhibēre cōnstituit. Erat mulier quaedam quae īnfandī crīminis accūsāta ad bēstiās erat damnāta. Dominus igitur meus, quī magistrātus erat, mē cum hāc muliere, priusquam ad bēstiās iacerētur, in pūblicō cēnātūrum esse ēdīxit.

# PAMPHILĒ

## XV

Diēs mūnerī dēstinātus aderat. Ad novum inūsitātumque spectāculum multī in theātrum convēnērunt. Omnēs caveās complēbant. Dēnique inter plaudentium clāmōrēs ego in scaenam dēdūcor; iamque torus fēstus pulcherrimō ōrnātū decorātus in mediō est appositus, nec nōn mēnsae variō āc dēlicāto cibō cumulātae. Deinde mīles quīdam, postulante populō, illam dē pūblicō carcere mulierem petītūrus ex theātrō abīvit. At ego, praeter pudōrem pūblicē cēnam obeundī, praeter contāgiōnem scelestae pollūtaeque fēminae, metū etiam mortis māximē cruciābar; nam hunc in modum mēcum reputābam. "Sī ad mulieris exitium bēstia erit immīssa, nōn adeō vel prūdentiā sollers vel abstinentiā frūgī erit ut accumbentem mēcum laceret mulierem, mihi vērō quasi indemnātō et innocentī parcat." Quae cum ita reputārem, occāsiōnem nactus cursū celerrimō aufūgī.

# PAMPHILĒ

## XVI

Vītātīs omnibus, ad lītus contendī, ubi, sēcrētō recēssū ēlēctō, mē somnō dedī. Circā prīmam ferē noctis vigiliam pavōre subitō experrēctus lūnam candōre nimiō flūctibus ēmergentem vīdī. Ita fulgēbat lūna, ut mihi quidem nūllum esset dubium quīn dea quaedam esset. Eam igitur statim precātus sum ut fīnem labōribus meīs tandem pōneret. "Rēgīna caelī," inquam, "dēpelle quadrupedis dīram faciem, redde mē cōnspectuī meōrum, redde mē mihi. Āc sī quod offēnsum nūmen inexōrābilī mē saevitiā premit, morī saltem liceat, sī nōn licet vīvere." Hunc ad modum fūsīs precibus, iterum dormītum iī, et, ecce! pelagō mediō voltum etiam deīs venerandum ērigēns dīvīna ēmergit faciēs; quae, excussō pelagō, ante mē cōnsistere vīsa est. "Ēn adsum," inquit, "tuīs, Lūcī, commōta precibus. Flētūs et lāmentātiōnēs iam mītte. Crās meī honōris causā cīvēs hūius oppidī pompam sacram dūcent. Huic pompae sacerdōs inerit, quī corōnam rosīs intextam dextrā portābit. Eī appropinquā, ut corōnam dēvorēs."

# PAMPHILĒ

## XVII

Posterō diē, simul āc dīlūxit experrēctus, oppidum petiī. Pompa iam dūcēbātur, et māgna virōrum fēminārum puerōrum puellārum multitūdō tōtās complēbat plateās. Ut multī pompae inerant! mīlitēs balteōs ferēbant, cuspidēs et vēnābula vēnātōrēs; alius soccīs aurātīs et sēricā veste amictus fēminam imitābātur; alium porrō ocreīs, scūtō, galeā ferrōque īnsīgnem ē lūdō putārēs gladiātōriō prōcēssisse. Nec ille dēerat sacerdōs, quī sīstrum sinistrā, dextrā corōnam rosīs intextam ferēbat. Eī statim appropinquāvī, corōnamque ē manū abreptam avidē dēvorāvī. Prōtinus mihi dēlābitur dēfōrmis et ferīna faciēs. Prīmō quidem pilus dēfluit, deinde cutis crassa fit tenuior; pedum plantae per ungulās in digitōs exeunt; manūs nōn iam pedēs sunt! Aurēs ēnormēs prīstinam repetunt fōrmam, et quae mē potissimum anteā cruciābat, cauda omnīnō ēvānēscit. Iterum homō sum factus.

# LATRŌ

Latrō quīdam, nōmine Alcimus, cum dormientis anūs, perfrāctō tuguriō, ad cubiculum ascendisset, rēs singulās per apertam fenestram sociīs scīlicet rapiendās forās coepit dīspergere. Et cum nē torō quidem aniculae quiēscentis parcere vellet, eā lectulō suō dēvolūtā, vestem strāgulam subductam similī modō per fenestram erat iactūrus, cum genua ēius amplexa sīc callidissima illa fēmina dēprecātur: "Quid, ōrō, fīlī, vīlēs pānnōsāsque vestēs miserrimae anūs vīcīnīs dōnās dīvitibus, quōrum haec fenestra domum prōspicit?" Quō sermōne callidō dēceptus Alcimus nē ea, quae prius mīserat, nōn sociīs suīs sed in aliēnam domum iēcisset est veritus. Itaque omnia perspectūrus caput per fenestram immīsit. Quae cum vīdisset anus, repentīnō et inopīnātō pulsū nūtantem āc pendulum eum ē fenestrā praecipitāvit.

# ACTAEŌN

Diāna cum in valle quādam aestīvō tempore ex assiduā vēnātiōne dēfatīgāta esset, ad fontem ut lavārētur sē contulit. Actaeōn autem vēnātor, cum ad eundem locum ut sē

Actaeōn vēnātor ā canibus suīs lacerātur.

et canēs suōs refrīgerāret vēnisset, in cōnspectum deae incidit. Cum tamen nēminī mortālī deam invītam vidēre licēret, Actaeōn, nē glōriārī posset sē Diānam vīdisse, in cervum est conversus, ita ut prō ferā ā suīs ipse canibus est lacerātus.

## ZĒNŌ ET SERVUS

Zēnō philosophus ūnum ex servīs suīs quem in fūrtō comprehenderat, lōrāriīs caedendum trādidit. Servus autem, ut supplicium dēprecārētur, fātō affīrmāvit dēcrētum esse sē fūrem fore. Quibus verbīs servus dominī suī sententiam spectāvit; Zēnō scīlicet omnia fātō fierī cēnsēbat. Servō tamen tālia affīrmantī, "Et fātō," inquit, "dēcrētum est fore ut vāpulēs."

# PRŌTEUS

In Aegyptō Prōteus, senex marīnus, dīvīnus dīcitur fuisse, quī in omnēs sē figūrās convertere solitus est. Eum Menelāus catēnā alligāvit, ut eum sibi dīcere cōgeret quandō domum reditūrus esset. Prōteus tamen, nē vāticinārī cōgerētur, modo in phōcam, modo in leōnem, interdum in aprum, aliās in anguem atque in cētera animālia sē convertit. Sed nūllō modō īnsidiās Menelāī ēlūdere potuit; quod cum intellēxisset, ā Menelāō compulsus, docuit eum nōn prius domum ventūrum quam centum bovēs interfēcisset. Quibus audītīs, Menelāus cum hecatombēn fēcisset, tūtus in patriam rediit.

## OLEĪ AMPHORA ET PORCUS

Olim homō quīdam, cuī līs in iūdiciō agerētur, ut praetōrem pretiō corrumperet, amphoram oleī dōnō mīsit. Adversārius tamen, nē largītiōne vincerētur, ad eundem praetōrem pinguissimum mīsit porcum, quō eum suam in partem trāxit. Itaque cum praetor lītem secundum hunc dedisset, questus est ille sē dōnum ideō mīsisse ut grātiam praetōris in sē conciliāret; cuī praetor, "Vēra," inquit, "nārrās, sed postquam oleī amphoram domum adportāvī, subitō ingēns irrūpit porcus, quī, amphoram ēvertēns, et oleum et operam tuam perdidit."

## ORESTĒS

Orestēs, Agamemnonis et Clytaemnēstrae fīlius, postquam ad adulēscentiam vēnit, id ēgit ut patris suī mortem vindicāret. Itaque, cōnsiliō cum Pylade initō, Maecēnās ad mātrem Clytaemnēstram vēnit, docuitque sē Aeolium hospitem esse, quī ideō vēnisset ut Orestem mortuum esse nūntiāret. Haud ita multō post Pyladēs quoque ad Clytaemnēstram vēnit, quī urnam sēcum attulit, quā Orestis ossa condita esse dīxit. Ambō Aegisthus hospitiō laetus excēpit. Deinde Orestēs, occāsiōne datā, mātrem Clytaemnēstram atque Aegisthum interfēcit.

## ŌVĪ VITELLUS

Avārus quīdam somniō quondam commōtus ad coniectōrem dētulit somniāsse sē ōvum pendēre ē fulcrō lectī suī cubiculāris; cuī respondit coniector thēsaurum dēfossum esse sub lectō; vitellum enim aurum indicāre, et album, argentum. Quae cum audiisset, avārus ille terram statim fōdit. Quō factō, aurī aliquantulum invēnit, idque argentō circumdatum. Coniectōrī igitur, ut meritās eī ageret grātiās, quantulum vīsum est, dē argentō mīsit. Cuī coniector, "Nihilne," inquit, "dē vitellō?"

# ĪPHIGENĪA

Agamemnōn et Menelāus cum Helenam, uxōrem Menelāī quam Paris āvexerat, Trōiam

Calchās Īphigenīam immolātūrus.

repetītum īrent, in Aulide tempestāte ob īram Diānae ita retinēbantur ut nāvigāre nōn possent, quod Agamemnōn in vēnandō cervam deae interfēcit. Is cum haruspicēs convocāsset, et Calchās eum respondisset aliter expiārī nōn posse, nisi Īphigenīam fīliam immolāsset, diū ā tam nefāriō scelere abhorruit. Tandem autem Ulixēs eī persuāsit ut vātī pārēret. Ulixēs igitur ad Īphigenīam addūcendam dīmīssus est. Quī, cum ad Clytaemnēstram mātrem ēius vēnisset, ēmentītur eam Achillī in mātrimōnium dūcī. Quam cum adductam Agamemnōn in eō esset ut immolāret, Diānam virginis miseruit. Itaque, cālīgine eī obiectā, cervam prō eā supposuit, Īphigenīamque in terram Tauricam dēlātam templī suī sacerdōtem fēcit.

# ĪPHIGENĪA TAURICA

## I

Orestēs, cum ob mātrem interfectam furiae eum exagitārent, Delphōs scīscitātum est profectus, quis tandem modus esset aerumnārum. Imperātum est ut in terram Tauricam ad rēgem Thoantem īret, unde dē templō Diānae sīgnum Argōs adferret; tunc fīnem fore malōrum. Sorte audītā, cum Pylade, sodāle suō, nāvem cōnscendit, celeriterque ad Tauricōs fīnēs dēvēnit. Quōrum fuit īnstitūtum ut, quī inter fīnēs suōs hospes vēnisset, in templō Diānae immolārētur. Ubi Orestēs et Pyladēs, cum in spēluncā latērent et occāsiōnem sīgnī rapiendī expectārent, ā pāstōribus dēprehēnsī ad rēgem Thoantem sunt dēductī: quōs Thoas mōre suō in templum Diānae, ut immolārentur, dēdūcendōs cūrāvit.

# ĪPHIGENĪA TAURICA

## II

Hūius templī sacerdōs fuit Īphigenīa, Orestis soror; quae cum quī essent, unde vēnissent, ex sīgnīs atque argumentīs repperisset, cēterīs abāctīs sacerdōtibus, ipsa sīgnum Diānae āvellere coepit. Thoas autem templum, ut accidit, ingrēssus, quam ob rem id ageret rogāvit; cuī ēmentīta est Īphigenīa hospitēs scelerātōs sīgnum contāmināsse, quod ad mare expiandum ferre oportēre. Praetereā iūssit eum cīvibus interdīcere, nē quis extrā urbem exīret. Rēx sacerdōtī dictō audiēns fuit. Deinde Īphigenīa occāsiōnem nacta, sublātō sīgnō, cum Oreste frātre et comite Pylade nāvem solvit.

III

Quibus factīs, ad Electram, Orestis sorōrem, nūntius falsus vēnit, frātrem cum Pylade in templō Diānae ab Īphigenīa esse immolātum. Id Alētēs, Aegisthī fīlius, cum audiisset, ex Atrīdārum genere nēminem superesse ratus, rēgnum Mycēnīs obtinēre coepit. At Electra dē frātris nece Delphōs scīscitātum est profecta. Quō cum vēnisset, eōdem diē, ut accidit, Īphigenīa cum Oreste templum est ingrēssa. Itaque Electra truncum ārdentem ex ārā sustulit, āc sorōrī Īphigenīae īnscia oculōs ēruisset, nisi Orestēs intervēnisset. Frātre igitur āgnitō, Mycēnās vēnērunt, ubi Orestēs Alētēn interfēcit.

## ARCHITECTĪ

Cum Athēniēnsēs templum quoddam exstruendum locāvissent, inter duōs architectōs, uter opus condūceret, summa orta est contentiō. Tandem ad iūdicium dēlāta est rēs. Uterque apud iūdicēs ōrātiōnem habuit; alter diffūsīs āc flōridīs sententiīs omnēs aedificiī partēs dēscrībēbat, et quibus ōrnāmentīs ipse, sī probātus esset, singula esset ōrnātūrus. Cūius ōrātiōne habitā, alter assurgēns, "Omnia," inquit, "iūdicēs, quae dēscrīpsit hīc, ego faciam," isque operī est praefectus.

# HERBAE MAGICAE

## I

Iāsōn postquam Mēdēam ā parentibus abductam in Graeciam dūxit, multīs rēbus ingenium ēius expertus, petiit ut parentem suum Aesōnem, senectūte cōnfectum, in adulēscentiam redūceret. At illa nōndum amōre dēpositō, ut nihil eī dēnegāret, aēnum cōnstituit, herbāsque multās, quārum scientiam habēbat, ē multīs regiōnibus quaesītās immīsit. Quās cum coxisset, postquam animadvertit stīpitem, quō herbās versābat, in arborem oleam, bācīs onerātam, esse conversum, omnia iam parāta esse rata, Aesōnem interemptum cum madentibus herbīs admīscuit. Nec Iāsōnem fefellerat, sed patrem ē senectūte in prīstinum vigōrem redūxit.

# HERBAE MAGICAE

## II

Peliadēs, ut animadvertērunt Aesōnem senectūtem remediīs Mēdēae expulisse, petiērunt ut proindē patrī suō Peliae ferret auxilium, eumque in adulēscentiae vigōrem redūceret. Itaque Mēdēa, quae inimīcum Iāsōnis, datā occāsiōne, pūnīrī cuperet, eīs persuāsit ut parentem interficerent, et lacerāta membra in aēnum fervēns immītterent. Quibus factīs, Mēdēa currum dracōnibus iūnctum cōnscendit, et per āëra ēlāta ē cōnspectū inimīcōrum omnīnō ēvānuit.

# PHAETHŌN

Phaethōn, sōlis fīlius, patrem suum ut currum ūnum diem sibi dīrigere licēret diū

Phaethōn ē currū praecipitātus.

flāgitābat. Tandem optātum currum ascendit. Monitīs itaque īnstructus patris, per iter īgnōtum equōs summō gaudiō dīrigere incēpit. Equī tamen, īgnōtō agitātōre perterritī, mundī īnferiōrem partem petiērunt. Quamobrem cum propius terram currus esset vectus, cūnctī mortālēs, quod nimiō ārdōre incendēbantur, ab Iove opem implōrantēs petiērunt nē orbem terrārum flammīs omnīnō cōnsūmeret. Itaque Iūppiter precibus commōtus Phaethontem, fulmine ictum, ē currū praecipitāvit, equīque vinculīs ita līberātī, āgnitō itinere, ad suam statiōnem reversī sunt. Indī autem, quod calōre vīcīnī īgnis sanguis eorum in ātrum colōrem versus est, nigrī sunt factī.

# MŪSAE IN AVĒS CONVERSAE

Mūsae cum Parnassum montem adversīs tempestātibus petiissent, invītātae ā Pyrēneō, quī Daulida, Phōcidis urbem, incolēbat, tēcta subiērunt. Pyrēneus autem pulchritūdine virginum captus ūnam in mātrimōnium dūcere volēbat. Sed cum nūlla eī nūbere vellet, ad vīm īnferendam, claudī rēgiam iūssit. Mūsae tamen, nē ab eō retinērentur, in volucrēs sunt conversae, quās ille dum per ardua montium persequitur, prōlāpsus per altitūdinem scopulōrum praecipitātus est, ita ut tōtum corpus ēlīsum sit vītamque fīnierit.

# MIDĀS

Midās ex Apolline petiit, ut, quidquid tetigisset, aurum fieret. Quod cum impetrāvisset, mūnus in ultiōnem conversum est, nam mūneris eum paenitēre coepit. Quidquid enim tetigerat aurum statim fīēbat. Et cibus et pōtus rigēns aurī māteriā marmoris in modum dūrēscēbat. Quae cum ita essent, Midās, quippe quī neque edere neque bibere posset, fame est cruciātus. Itaque Apollinem ōrāvit ut male optāta converteret; cuī imperāvit Apollō ut caput sub Pactōlī flūminis undās ter submergeret. Quō factō, Pactōlus dēinceps arēnās aureās volvisse dīcitur!

## RĪXA

Andromedam belluae marīnae ōlim prōpositam Perseus, quī Medūsae Gorgonis caput ferēbat, ā parentibus cōniugem pacīscitur, sī eam perīculō līberāsset. Quō factō, cum fidēs ā parentibus prōmīssa praestita esset, et nūptiālibus epulīs prīncipēs interessent, Phīneus, cuī Andromeda anteā erat dēspōnsa, contumēliam sibi gravissimam ratus illātam, quod advenae cōnsanguineus postpositus esset, vescentium animōs pūgnā cōnfūdit. Et cum rīxa miserābilis dīmicantium in rēgiā agerētur, āc multī ex utrāque parte armīs cecidissent, postrēmō Perseus, cum adversāriōrum multitūdinem timēret, imperāvit ut ē cōnspectū suō discēderent, caputque Gorgonis statim extulit. Quō vīsō, Phīneus cum auxiliantibus in saxum est conversus.

## TRIPTOLEMUS

Cerēs, cum Proserpinam fīliam suam quaereret, ad Eleusīnum rēgem dēvēnit, cūius fīlius Triptolemus īnfāns modo erat, simulāvitque sē nūtrīcem esse. Eam rēgīna libenter fīliō suō nūtrīcem accēpit; quem cum Cerēs valdē amāret immortālem reddere cōnstituit. Noctū igitur eum ignī clam obruēbat, quod effēcit ut magis quam solēbant mortālēs crēsceret. Quae cum parentēs admīrārentur Cererem cūriōsē observāvērunt; quam īnfantem nocte quādam in īgnem immīttentem vīdērunt. Terrōre perculsī ambō conclāmābant; quod effēcit ut Cerēs, alumnō suō relictō, ē rēgiā effugeret.

## NEMESIS

In īnsulā Cyprō puella quondam erat, quae fōrmā cēterās omnēs ēiusdem cīvitātis supergrēssa est. Sed, ut pulchritūdine inter omnēs ēminēbat, ita propter aspernātiōnem virōrum omnibus fuit abōminanda. Quam cum Īphis ēiusdem cīvitātis amōre dīligeret, neque aditum ad eam habēret, excruciātus quod in tam gravem sortem incidisset, mortem sibi cōnscīscere cōnstituit. Dēnique, nē diūtius dolēret, noctū clam ante forēs puellae suspendiō sē interfēcit. Cuī cum fūnus prō dīgnitāte hominis per pūblicum māximā frequentiā dūcerētur, crūdēlissima illa puella ex superiōre domūs parte pompam prōspiciēbat. Venus autem ob nimiam ēius crūdēlitātem animīque dūritiam effēcit ut, dum pompae ē fenestrā inhiat, subitō lāpsa sē ad terram praecipitāret.

# NAUPLIUS

Īliō captō et dīvīsā praedā, Danaī, cum domum redīrent, īrā deōrum, quod fāna spoliāverant, tempestāte ortā, ad saxa naufragium fēcērunt. Cum fidem deōrum noctū implōrārent, Nauplius, quī eam regiōnem incolēbat, audīvit, sēnsitque occāsiōnem vēnisse ad persequendās fīliī suī Palamēdis iniūriās. Itaque, tamquam auxilium eīs adferret, facem ārdentem eō locō extulit, quō saxa acūta et perīculōsissimus erat locus. Illī hūmānitātis causā id factum ratī, nāvēs eō appulērunt. Quō factō, plūrimae eārum cōnfrāctae sunt, mīlitēsque plūrimī cum ducibus tempestāte obrutī, membraque eōrum ad saxa sunt illīsa. Sī quī autem ad lītus natāre potuērunt, ā Naupliō sunt interfectī.

# BŪSĪRIS

Būsīris, Neptūnī fīlius, rēx Aegyptī erat. Ōlim cum Aegyptus novem annōs siccitāte exāruisset, tanta orta est omnium sterilitās, ut Būsīris augurēs ex Graeciā convocāret. Hī Būsīridī mōnstrāvērunt, immolātō hospite, ventūrōs imbrēs. Quae cum rēx audīvisset, sī quī hospitēs ad suōs fīnēs vēnissent immolāre cōnstituit. Herculēs quondam, ut accidit, iter ad Aegyptum fēcit, et quid facere solēret Būsīris certior est factus. Quibus audītīs, Herculēs sē passus est cum īnfulā ad āram addūcī. Cum tamen Būsīris deōs imprecārī incēpisset, Herculēs eum āc sacrōrum ministrōs clāvā suā interfēcit.

# SATYRUS ET PAUPER

Satyrus quondam pauperem frīgore paene exanimātum in tugurium suum hospitiō excēpit. Quem cum manibus animam inhālantem animadvertisset, rogāvit quō cōnsiliō ita ageret. Cuī pauper, "Hōc," inquit, "faciō quō calidiōrēs fīant manūs." Nōn ita multō post eundem animadvertit animam et pultī, quam eī dederat, inhālāre; cuī statim, "Et quō," inquit, "cōnsiliō ita nunc agis?" Cuī pauper, "Hōc," inquit, "faciō quō frīgidior fīat puls." Quibus audītīs, satyrus pauperem forās ēiēcit: sē enim nihil esse āctūrum cum eō quī adeō esset īnsānus ut omnīnō contrāria sē eōdem modō effectūrum putāret.

## EQUUS TRŌIĀNUS

Cum Achīvī per decem annōs Trōiam capere nōn possent, Epēus monitū Minervae equum mīrae māgnitūdinis līgneum fēcit. In equō mīlitēs sunt inclūsī, et in tergō haec verba scrīpta, *Danaī Minervae dōnō dant.* Quibus factīs, castra trānstulērunt Tenedum. Quod Trōiānī cum vīdissent, hostēs abiisse arbitrātī sunt. Priamus equum in arcem Minervae dūcī iūssit; et cum vātēs Cassandra hostēs inesse vōciferārētur, fidēs eī nōn est habita. Quem in arcem cum statuissent, et ipsī nocturnō lūsū āc vīnō fessī obdormiissent, Achīvī ex equō, ā Sinōne apertō, exiērunt, et, portārum cūstōdibus occīsīs, sociōs suōs, sīgnō datō, recēpērunt, et Trōiā sunt potītī.

Equus Trōiānus.

## PUER PROCĀX

Ōlim puer senem quemdam, quī iter faciēbat, iaciendīs lapidibus lacessīvit. Senex igitur cum, ut dēsisteret, frūstrā precātus esset, pecūniae aliquantulum eī dedit, dīxitque sē paenitēre quod plūs nōn habēret. Mōnstrāvit tamen dīvitiōrem quemdam viātōrem quī ā tergō appropinquābat, puerumque monuit ut, māiōris praemiī accipiendī causā, in eum quoque lapidēs inicerėt. Cūius praecepta secūtus, simul atque alter advēnit viātor, in eum quoque puer lapidēs iniēcit. Sed tantum āfuit ut dīves ille pecūniam salūtis causā praebēret, ut servōs suōs puerum ad magistrātum dūcere iubēret; māximāsque poenās puer dedit.

# ARMA ACHILLIS

Hectore sepultō, cum Achillēs circā moenia Trōiānōrum vagārētur, āc dīceret sē sōlum Trōiam expūgnāsse, Apollō īrātus Parin sē esse simulāns, tālum, quem volnerābilem habuisse dīcitur Achillēs, percussit, eumque occīdit. Achille occīsō et sepultūrae trāditō, Āiāx, quod frāter patruēlis ēius fuit, ā Danaīs postulāvit ut arma sibi Achillis trāderentur; quae ab Agamemnone abiūdicāta sunt, aliīsque data. Āiāx furōre affectus per īnsāniam pecora sua et sē ipsum volnerātum occīdit eō gladiō quem ab Hectore mūnerī accēpit, dum cum eō in aciē contendit.

# THALĒS

Thalēs, vir Mīlēsius, ūnus erat ex septem sapientibus. Astrologiae praecipuē studēbat, et dum noctū ambulat sīdera semper suspiciēbat. Ōlim domō sīderum contemplandōrum causā ēgrēssus caelum sīderibus intentus adeō cūriōsē suspiciēbat, ut in puteum, quem nōn animadverterat, prōnus inciderit. Cuī cum auxilium miserē implōrāret, accurrit servus quīdam, quī simul āc quis in puteō esset āgnōvit, "Quā ratiōne," inquit, "Ō Thalēs, quae in caelō sunt comprehēnsūrum tē arbitrāris, quī ea quae proxima atque ante pedēs sunt, vidēre nōn possīs?"

# PYGMALIŌN

Pygmaliōn, sculptor sī quis alius illūstris, mulierum superbiā offēnsus caelebs permanēre statuit; quī, cum sīgnum virgināle ex ebore fēcisset, pulchritūdine ēius captus in summum incidit amōrem. Itaque ā deīs quaesīvit ut eī sīgno, cūius amōre exārsisset, anima īnfunderētur. Quī cum templō ēgrēssus domum pervēnisset, sē vōtī compotem esse factum repperit; namque in locō sīgnī virginem pulcherrimam invēnit, quam statim in mātrimōnium dūxit.

## SĪMIĪ QUĪ HOMINĒS SĒ ESSE SIMULĀVĒRUNT

Dīcitur rēx aliquis Aegyptius sīmiōs quondam docuisse saltāre Pyrrhicham, eāsque bēstiās, (facillimē autem hūmānās imitantur āctiōnēs) celeriter didicisse saltāre, purpureīs vestibus indūtās, persōnīsque circumdatās; diū probātum spectāculum; dōnec spectātor aliquis urbānus, quī nucēs sinū gereret, prōiēcerit eās in medium. Tum vērō sīmiī, vīsā rē, oblītī saltātiōnis, repente prō hominibus sīmiī, quod erant scīlicet, factī, lārvās contrīvēre, lacerātīsque vestibus, dē frūctibus invicem dēpūgnārunt—quod rīsuī fuit spectātōribus.

# STĒLLIŌ

Cerēs cum fīliam Proserpinam quaesītum, orbem terrārum peragrāsset, aestū torrida ad casam cūiusdam anūs dēvēnit, petiitque ab eā ut sibi aquam ad sitim exstinguendam porrigeret. Quae cum eī pōtiōnem dedisset, et Cerēs avidius biberet, puer quīdam procāx aviditātem ēius in bibendō reprehendit. Cūius dea audāciā offēnsa partem pōtiōnis in eum effūdit, effēcitque ut maculōsum habēret ōs, et, quae modo bracchia, crūra gereret. Cauda aliīs additur membrīs, corpus in breviōrem fōrmam contrahitur. In stēliōnem puer est mūtātus, quī pōtiōne sparsus maculās in tergō ostendit.

# PISCĀTOR

Piscātor quīdam, Glaucus nōmine, cum piscēs speciōsōs cēpisset, eōsque recentissimōs in urbem ferre vellet, in opācō quōdam locō marī proximō, dum et ipse requiēsceret et rētia siccārentur, sub recentissimam herbam exposuit. At piscēs herbārum vigōre sūcōque contāctī, reciperātō quem āmīserant spīritū, in profundum sē mersērunt. Nōn ita multō post Glaucus experrēctus, cum piscēs effūgisse invēnisset, vim quamdam dīvīnam herbīs inesse ratus, ipse quoque nōn nūllās eārum avidē dēvorāvit. Unde accidit ut mente aliēnātus ex altō sē in mare praecipitāverit.

# PHILĒMŌN ET BAUCIS

Ōlim Iūppiter et Mercurius, ut quālēs essent mortālēs invenīrent, in hominum figūrās versī, ad Phrygiam sē recēpērunt. Diū mendīcōrum rītū vagābantur; ā nūllō tamen hospitiō exceptī sunt. Tandem autem ā duōbus pauperibus, Philēmone et Baucide, hospitāliter sunt exceptī. Quōrum ut benīgnitātem remūnerārentur casam eōrum in collem excelsiōrem sublātam in templum convertērunt, cuī ipsōs pauperēs ut sacerdōtēs praefēcērunt. Oppidum autem eōrum, quod cēterōs cīvēs inhospitālēs habuit, aquārum māgnitūdine obrutum stāgnum est factum.

# ĪCARIUS

Cum Līber pater ad hominēs esset profectus, ut suōrum frūctuum suāvitātem atque iūcunditātem ostenderet, ab Īcariō māgnificentissimē hospitiō acceptus est. Eī igitur ūtrem vīnī plēnum mūnerī dedit, imperāvitque ut in reliquās terrās propāgāret. Itaque Īcarius, plaustrō onerātō, in terram Atticam ad pāstōrēs prōcēssit, ut vīnum dulce impertīret. Pāstōrēs autem cum immoderātius bibissent, ēbriī factī, concidērunt; quī Īcarium sibi malum medicāmentum dedisse ratī fūstibus eum interfēcērunt.

# TANTALUS

Iūppiter cōnsilia sua Tantalō concrēdere solitus erat, eumque ad epulās deōrum admīttere; sed Tantalus ad hominēs reversus omnia renūntiāvit. Ob id dīcitur ad īnferōs in lacum īnfernum dēpositus ūsque ad medium corpus aquā dēmergī āc semper sitīre. Nam, cum aquae haustum sūmere vellet, aqua recēdēbat. Item pōma eī super caput pendēbant, quae cum edere volēbat, rāmī ventō mōtī semper recēdēbant. Nec nōn saxum super caput ēius ingēns pendēbat, quod semper timēbat nē in sē caderet.

# ALCĒSTIS

Admētus Pheraeōrum rēx Alcēstim habuit cōniugem, quī, cum gravissimē aegrōtāret, Apollinis miserātiōnem invocāvit. Cuī respondit Apollō sē nihil in hōc eī posse praestāre, nisi quis dē propinquīs ēius sē prō

Alcēstis ab Hercule ex īnfernīs reducta.

illō mortī suā sponte offerret. Quod uxor ēius libentī animō fēcit, et sē ipsam interēmit. Quod cum Herculēs intellēxisset, mulieris tantā fidēlitāte misericordiā commōtus, ad īnferōs dēscendit, et Cerberum trīcipitem sibi ad ōstium īnfernūm resistentem, triplicī vīnctum catēnā, ab ōstiō abstrāxit. Quō modō Alcēstim ex īnfernīs redūxit.

## PRŌCRŪSTĒS

Procrūstēs Neptūnī fīlius erat. Ad hunc hospes cum vēnisset, sī longior erat, minōre lectō prōpositō, reliquam corporis partem praecīdēbat. Sīn autem breviōre statūrā erat, lectō longiōre datō, tormentō eum extendēbat dōnec lectī longitūdinem aequāret. Herculēs tamen cum dē hominis crūdēlitāte certior esset factus, ut omnēs ā tālī pēste līberāret, iter ad eum fēcit. Procrūstēs nihil malī suspicātus Herculem hospitiō excēpit, et, minōre lectō adhibitō, pedēs ēius, ut mōs, mutilātūrus erat cum subitō vī superātus ab Hercule est interfectus.

## MYRMIDONĒS

Aeacus, rēx Aegīnae, cum gravī pēstilentia plērōsque incolās āmīsisset, assiduīs precibus ab Iove impetrāvit ut quot formīcae in vastātā īnsulā appāruissent, tot versae in hominum faciēs dēsīderātam cīvium multitūdinem explērent. Neque immeritō sī quī ex hūiusmodī animālibus crēverant, Myrmidonēs sunt appellātī. Formīcae enim Graecē μύρμηκες appellantur.

## ŌTUS ET EPHIĀLTĒS

Ōtus et Ephiāltēs mīrā māgnitūdine dīcuntur fuisse. Hī novem digitōs singulīs mēnsibus crēscēbant. Itaque, cum essent annōrum novem, in caelum ascendere sunt cōnātī, quī aditum sibi in hunc modum faciēbant. Montem enim Ossam super Pēlion posuērunt, aliōsque montēs cōnstruēbant. Quae cum fēcissent, Apollō, ob audāciam īrātus, inter eōs cervam mīsit, quam illī, furōre incēnsī, dum iaculīs interficere volunt, alter alterum interfēcērunt.

## PHILOCTĒTĒS

Philoctētēs cum in īnsulā Lemnō esset, coluber pedem ēius percussit. At aliī Achīvī, cum ex volnere taetrum odōrem diūtius ferre nōn possent, in Lemnō eum cum sagittīs dīvīnīs, quās ob beneficium acceptum Herculēs eī dederat, relīquērunt. Posteā tamen, cum ōrāculō respōnsum esset sine Herculis sagittīs Trōiam capī nōn posse, Ulixēs et Diomēdēs explōrātōrēs ad eum vēnērunt; cuī persuāsērunt ut in grātiam redīret atque ad expūgnandam Trōiam sibi auxiliō esset.

# ULIXĒS

Agamemnōn et Menelāus, cum ad Trōiam oppūgnandam coniūrātōs ducēs colligerent, in īnsulam Ithacam ad Ulixem vēnērunt; cui respōnsum ōrāculō erat, sī ad Trōiam iisset, post vīcēsimum annum, sōlum, sociīs perditīs, egentem domum esse reditūrum. Itaque cum scīret ad sē ducēs ventūrōs, īnsāniā simulātā, pīleum sūmpsit, et equum cum bove ad arātrum iūnxit. Quem Menelāus, ut vīdit, simulāre sēnsit, et Telemachum fīlium ēius ē cūnīs sublātum arātrō eī subiēcit et, "Dēpositā," inquit, "simulātiōne, inter coniūrātōs venī." Tunc Ulixēs fidem dedit sē ventūrum.

# ULIXIS ERRŌRĒS

## I

Ulixēs cum, Īliō captō, in patriam Ithacam redīret, tempestāte ad Lōtophagōs est dēlātus, quī lōtum edēbant, quae tantam suāvitātem omnibus praestābat, ut quī gustābant, oblīviōne captā, domum redīre nōllent. Ad eōs sociī duo ab Ulixe mīssī, cum herbam ab incolīs datam gustāssent, oblīviōne, ut fierī solēbat, obrutī, ad nāvēs nōn reversī sunt. Quōs cum Ulixēs diū frūstrā exspectāsset, cum aliīs sociīs, ut quid agerent illī invenīret, profectus est. Quibus inventīs, diū persuādēre ut sēcum redīrent cōnātus est; dēnique arcessītīs vinculīs, omnēs ad nāvem redūxit vīnctōs.

Ulixēs ad īnsulam Cyclōpum nāvem appulit.

# ULIXIS ERRŌRĒS

## II

Inde profectī ad Cyclōpem Polyphēmum, quī mediā fronte ūnum habēbat oculum et

Polyphēmus et Ulixēs.

carne hūmānā vescēbātur, dēvēnērunt. Hūius in spēluncam Ulixēs et sociī ēius īnsciī intrāvērunt. At Polyphēmus, postquam pecus in spēluncam redēgit, mōlem saxeam ingentem ad iānuam opposuit, quā Ulixem cum sociīs inclūsit, quōrum nōnnūllōs coepit cōnsūmere. Ulixēs tamen, cum vidēret sē eī resistere nōn posse, vīnō, quod ā Marōne accēperat, eum ēbrium reddidit; cuī, cum quid sibi nōmen esset rogāvisset, respondit sē Nēminem appellārī. Dēinde cum oculum eī truncō ārdentī exussisset, sociōs suōs ad pecora alligāvit, nē ā Polyphēmō, dum exeunt, caperentur, et ipse sē ad arietem. Quō modō tūtī ēvāsērunt. At Polyphēmus clāmōre suō cēterōs Cyclōpēs convocāvit, quibus interrogantibus quam ob rem ita vōciferārētur respondit Nēminem sē interficere. Itaque illī dērīdendī causā Polyphēmum hōc dīcere ratī eum neglēxērunt.

# ULIXIS ERRŌRĒS

## III

Inde ad Aeolum vēnērunt, cuī ab Iove ventōrum cūstōdia fuit trādita. Is Ulixem hospitiō līberāliter accēpit, follēsque ventōrum eī plēnōs mūnerī dedit. Sociī vērō aurum et argentum inesse arbitrātī, Ulixe dormiente, follēs clam solvērunt; quibus solūtīs, ventī ēvolāvērunt. Unde accidit ut omnēs iterum ad Aeolum tempestāte sint dēlātī, quōs ille ē fīnibus suīs ēiēcit, quod deōs eīs esse īnfēnsōs putāvit.

# ULIXIS ERRŌRĒS

## IIII

Dēinde ad Circēn, quae, pōtiōne datā, hominēs in ferās commūtābat, ēvāsērunt. Ad eam Ulixēs Eurylochum cum vīgintī duōbus sociīs mīsit, quōs illa in porcōs statim commūtāvit. Posteā Ulixēs, cum sociōs quaesītum profectus esset, Mercuriō obviam iit, quī omnia

Circē et comitēs Ulixis.

eī exposuit et, remediō datō, quōmodo Circēn dēcipere posset mōnstrāvit. Itaque, cum ad Circēn vēnisset, pōculum ab eā accēpit, sed remedium Mercuriī monitū iniēcit, atque ēnse strīctō, minātus est sē Circēn interfectūrum nisi sociōs sibi restituisset; quae, fidē datā sē nihil tāle iterum commissūram, sociōs Ulixis ad prīstinam fōrmam restituit.

# ULIXIS ERRŌRĒS

## V

Tum ad Sīrēnēs vēnit, quae partem superiōrem corporis muliebrem habēbant, immānem autem īnferiōrem. Hārum fātum fuit tamdiū vīvere, quamdiū eārum cantum

Ulixēs et Sīrēnēs.

mortālis audiēns nēmō praetervectus esset. Ulixēs tamen ā Circē monitus, sociīs aurēs cērā obtūrāvit, sēque ad mālum cōnstringī iūssit, et sīc praetervectus est. Quō factō, Sīrēnēs sē in undās praecipitāvērunt.

## ULIXIS ERRŌRĒS

### VI

Posteā Ulixēs ad īnsulam Siciliam, ubi Sōlis pecus erat sacrum, nāvem appulit. Hōc pecus Ulixēs ā Tīresiā monitus erat nē attingeret; sed sociī ēius, dum ipse dormit, nōn nūllōs bovēs interfēcērunt; quōs cum coquerent, carnēs ex aēnō dedērunt mūgītūs. Quō prōdigiō perterritī omnēs sēsē fugae mandāvērunt.

# ULIXIS ERRŌRĒS

## VII

Tandem Ulixēs post vīcēsimum annum, sociīs āmīssīs, sōlus in patriam rediit. Statim ad casam Eumaeī, subulcī suī, sē contulit. Sed Eumaeus dominum suum nōn āgnōvit. Canis autem, quī Ulixem facile āgnōvisset, eī blandīrī incēpit. Quō factō, Ulixēs omnia Eumaeō exposuit, et quōmodo rēs ibi sē habērent quaesīvit. Cuī Eumaeus, "Post profectiōnem tuam," inquit, "cōnfestim procī ad Pēnelopēn in cōniugium petendam vēnērunt. Quōs hāc conditiōne Pēnelopē differēbat: *Cum tēlam texuerō, nūbam.* Noctū autem quae diē texuerat retexēbat; quō modō procōs semper differēbat." Quibus audītīs, Ulixēs, cōnsiliō cum Eumaeō initō, procōs omnēs interfēcit.

# VOLCĀNUS

Volcānus Iovī cēterīsque deīs solia aurea suum cuīque idōneum argenteāsque soleās, quās in officīnā suā ipse fabricātus est, dedit. Quibus dōnīs acceptīs, omnēs valdē gaudēbant; soleās pedibus quisque suās indūxit, et in soliō suō quisque cōnsēdit. Iūnō tamen, cum sēdisset, sē ā soliō līberāre nōn potuit. Itaque Volcānus arcessītus est ut mātrem, quam dēligāverat, solveret; sed ille īrātus quod dē caelō erat praecipitātus, sē mātrem nūllam habēre dīxit. Līber pater autem, cum eum ēbrium reddidisset, in concilium deōrum adductum, Iūnōnem līberāre coēgit.

Daedalus et Īcarus.

## DAEDALUS ET ĪCARUS

Daedalus cum iamdiū rēgem Mīnōem, ā quō in cūstōdiā tenēbātur, effugere vellet, pennās sibi et fīliō Īcarō cērā aptāvit, quibus, ut volucrēs, ē rēgis fīnibus possent effugere. Hīs ad umerōs affīxīs, Daedalus Īcarum monuit nē sōlī dum volat appropinquāret. Īcarus tamen, quī praeceptīs parentis obtemperāre nequīvit, altius Daedalō sē pennīs ērēxit. Pennae igitur, cērā sōlis radiīs liquefactā, ex umerīs dēcidērunt; ipse quoque Īcarus in īnsulam prōnus dēcidit, quae ab ēius nōmine Īcaria est appellāta. Daedalus autem, sepultō fīliō, in Siciliam effūgit.

# MYCILUS

Mycilō cuīdam, cum quiētī sē dedisset, Herculēs vīsus est appārēre atque eum ut patriam relinqueret monēre. Quae cum facere extimēsceret, quia lēx patriam dēserere atque in aliam trānsīre cīvitātem vetāret, rūrsus ab eōdem admonitus est. Nōn sine timōre igitur penātēs suōs dēstituit, ideōque in iūdicium pūblicum est dēvocātus. Iūdicibus calculī albī āc nigrī datī sunt, ut ātrīs damnārent, absolverent candidīs. Namque ut dīcit Ovidius :—

> Mōs erat antīquīs niveīs ātrīsque lapillīs,
> Hīs damnāre reōs, illīs absolvere culpā.

Itaque Mycilus, cum nē capitis damnārētur timēret, Herculem invocāvit ut labōrantī sibi, quia ēius iūssīs obtemperāsset, ferret auxilium. Cūius precēs nōn incassum sunt mīssae. Nam cum calculī mōre patriae ex urnā essent dēductī, omnēs appāruērunt in colōrem album conversī.

## CŪR APUD FŪNUS TUBICINĒS ADHIBENTUR

Tyrrhēnus, Herculis fīlius, tubam prīmus hāc ratiōne invēnit: cum carne hūmānā comitēs ēius vescerentur, omnēs ēius regiōnis incolae ob crūdēlitātem eōrum diffūgērunt. Tunc ille, cum ex societāte suōrum discēssisset, conchā perforātā, omnēs, ut būcinātor, convocāvit, fidemque dedit sē nēminem posteā ēsūrum, sed sī quis mortuus esset, sepultūrae datūrum. Et hodiē igitur Rōmānī, sī quis vītā dēcēssit, amīcōs convocant, et tubicinēs cantant, tēstandī grātiā eum neque venēnō neque ferrō interiisse.

# CŪR SUPER HOSTIĀS MOLA SALSA SPARGITUR

Cerēs Triptolemum, alumnum suum, frūgēs docuit serere, quī cum sēvisset et sūs, quod sēverat, effōdisset, suem comprehendit, et ad āram Cereris, ut immolāret, addūxit. Prīmō tamen, ut dēmōnstrāret cūr immolārētur sūs, frūgēs quās effōderat super caput ēius posuit, deinde mactāvit. Unde et apud nōs molam salsam super hostiās impōnendī mōs est ortus.

# AUTOLYCUS

Autolycus Mercurī erat fīlius, cuī pater ōlim concēssit ut omnium fūrācissimus esset, in fūrtō tamen numquam dēprehenderētur, sed ut quicquid subripuisset in quamcumque vellet effigiem mūtāre posset, ex albō in nigrum, vel ex nigrō in album. Is Sīsyphī pecus assiduē fūrābātur, nec ab eō dēprehendī potuit. Tandem Sīsyphus, quī fūrtum eum sibi facere sentīret, quod illīus pecoris augēbātur numerus, suus in diēs minuēbātur, ut eum dēprehenderet in pecorum ungulīs notam imposuit. Haec cum solitō mōre fūrātus esset Autolycus, Sīsyphus ad eum vēnit, et pecora sua ex ungulīs āgnita domum redūxit.

## ACHILLĒS

Thetis cum scīret Achillem fīlium suum, sī ad Trōiam expūgnandam iisset, peritūrum, eum in īnsulam Scȳrum rēgī Lycomēdī commendāvit. Quem ille inter virginēs fīliās, mūtātō nōmine, habitū fēmineō servābat. Achīvī autem cum intellēxissent ibi eum occultārī, ad rēgem Lycomēdem ōrātōrēs mīsērunt, quī rogārent ut Achillem adiūtōrem Danaīs mītteret. Rēx cum apud sē esse negāvisset, potestātem eīs fēcit, ut in rēgiā quaererent; quī cum intellegere nōn possent quis eārum esset Achillēs, hōc iniērunt cōnsilium. Ulixēs, mūneribus fēmineīs in rēgiae vestibulō expositīs, inter quae clipeus et hasta erant, subitō tubicinem iūssit canere, armōrumque crepitum et clāmōrem fierī. Quō audītō, Achillēs hostem adesse ratus, vestem muliebrem abscidit, clipeumque et hastam arripuit. Quō modō āgnitus est, operāsque suās Achīvīs prōmīsit.

## LĀOMEDŌN

Lāomedōn, cum Īlium conderet, Apollinem et Neptūnum ōrāvit ut operam sibi ad exstrūendum mūrum darent. Quibus perfectīs, pactum aurum Lāomedōn negāvit. Neptūnus igitur, perfidiā rēgis offēnsus, in agrōs ēius mare ita mīsit ut omnēs frūctūs obrueret; cētum quoque mīsit quī Trōiam vexāret. Quam ob causam rēx ad Apollinem mīsit cōnsultum. Apollō īrātus ita respondit: si Hēsionē fīlia ēius cētō trādita esset, fīnem pēstilentiae futūrum. Quā līberātā ab Hercule, rūrsus in fraude cōgnitus est Lāomedōn; equōs enim, quōs ob salūtem virginis pactus erat, eī abnegāvit. Herculēs igitur īrā incēnsus Īlium expūgnāvit.

## TĪBIAE

Minerva ex osse tībiās prīma fēcit, quibus cum in convīviō deōrum cecinisset, ēiusque īnflātās buccās deī omnēs irrīsissent, illa ad fontem sē contulit, faciem suam speculātūra, et, cum turpem adiūdicāsset buccārum īnflātum, tībiās abiēcit et imprecāta est, ut quisquis eās sustulisset, gravī afficerētur suppliciō. Quibus repertīs Marsyās satyrus Apollinem dē cantibus in certāmen prōvocāvit. Midam rēgem sibi iūdicem dēligunt; quem Apollō, quod nōn rēctē iūdicāsset, asinī auribus dēprāvāvit. Marsyās, quod deō cēdendum nōn putāvisset, suspēnsus āc cute nūdātus est. Midās autem aurēs suās tōnsōrī tantum ostendit, affīrmāvitque sē eum, sī dēfōrmitātem cēlāvisset, participem rēgnī suī factūrum. Itaque tōnsor aurēs abscīsās in dēfossā terrā operuit. Posteā in eōdem locō calamus nātus est, unde pāstor quīdam sibi tībiam fēcit, quae cum percutiēbātur canēns, "Midās rēx," inquit, "aurēs asinīnās habet."

# DEUCALIŌN ET PYRRHA

Iūppiter propter mortālium audāciam, quī sceleribus suīs etiam deōrum potentiam affectārent, orbem terrārum prōfūsīs imbribus dīluviō inundāvit. Et cum duo, Deucaliōn et Pyrrha, pietāte cēterōs mortālēs antecēssissent, et in Parnassum montem imbrium prōluviem effūgissent, Iūppiter hōs servāvit; sed omne genus hūmānum praeter hōs interiit. Hī tamen cum propter sōlitūdinem vīvere nōn possent, ab Iove petiērunt ut aut hominēs daret aut sē parī calamitāte afficeret. Iūppiter igitur novae generandae prōlis veniam dedit. Imperāvit enim ut lapidēs post tergum iacerent, ex quibus hominēs nāscerentur. Quibus factīs, omnēs ā Deucaliōne missī lapidēs in virōs vertēbantur, ā Pyrrhā autem, in fēminās.

# ARACHNĒ

## I

Arachnē, Lȳdia quaedam virgō, cūius māter studiō lānificiī fāmam quaesierat, cum māternā industriā cūnctās praecēssisset in opere faciendō, fēstīs quibusdam diēbus īnsolentius glōriābunda, quam mortālem decuit, ēlocūta est. Nam Minervam, ā quā docta fuerat, in certāmen prōvocāvit. Quae in anum versa, ut tantam audāciam pūnīrētur, ad eam vēnit. Quam cum in certāmine prōpositō vīdisset permanentem, in suam speciem reversa, opere prōpositō, in certāmen dēscendit; et singula, quae sequuntur, īnseruērunt tēlīs, prior Minerva, dehinc Arachnē.

# ARACHNĒ

## II

Minerva incēpit. Itaque tēlae suae intexuit contentiōnem dē urbe Athēnārum inter sē Neptūnumque habitam; quī lacū salsō in arce ēditō suam possessiōnem vindicābat: ipsa olīvā arbore ā sē inventā. Multās aliās variāsque rēs Minerva tēlae suae īnseruit āc fīnem operis suī explicuit. Arachnē autem ut vidērētur per opera respondisse contentiōnī, tēlae suae intexuit Iovem in taurum versum ob Eurōpae amōrem. Eundemque fēcit in aquilam multāsque aliās in fōrmās conversum. Sed cum omnia perfēcisset, ā deā compulsa est sē suspendiō interficere. Sed propter studium quod ā deā accēperat, in arāneam versa est, ut operī inūtilī tōtam impenderet vītam.

Comae, nārēs et aurēs dēflūxērunt; minimum factum est caput, tōtumque corpus parvum. In latere prō crūribus digitī exīlēs haerent, cētera pars est venter, dē quō stāmen remittit, et, arānea facta, antīquās exercet tēlās.

## CŪRĒTĒS

Iuppiter Sāturnī erat fīlius, quem pater interficere voluit, quod sciēbat sī quis sibi fīlius nātus esset, sē rēgnō prīvātūrum esse. Ab uxōre igitur petiit ut fīlium sibi trāderet. Illa autem lapidem incūnābulīs involūtum ostendit, quem Sāturnus statim dēvorāvit. Quō factō, māximō cruciātū affectus est; sed ut Iovem quaereret per terrās est profectus. Iūnō autem ut Sāturnum ēlūderet aliās adhibuit īnsidiās. Iovem in Crētam īnsulam dēlātum in cūnīs dē arbore suspendit ut neque caelō, neque terrā, neque marī invenīrētur. Praetereā, nē puerī vāgītus exaudīrētur, iuvenēs quōsdam convocāvit, quibus tympana aēnea et hastās dedit, iūssitque eōs circum arborem euntēs concrepāre. Hōs aliī Cūrētēs, Corybantēs aliī appellant.

# MOERUS

In Siciliā Dionȳsius tyrannus crūdēlissimus cum esset, suōsque cīvēs cruciātibus cōnficeret, Moerus tyrannum interficere est cōnātus; quem satellitēs cum armātum dēprehendissent ad rēgem perdūxērunt, quī interrogātus sē rēgem voluisse interficere respondit. Rēx igitur morte eum afficī iūssit. Moerus autem petiit ut trīduum sibi parcerētur, dum sorōrem suam nūptiīs collocāret; rēgīque cūstōdiendum dedit Selīnuntium, amīcum suum et sodālem, quī spondēret sē tertiō diē esse reditūrum. Itaque rēx cum dīxisset Selīnuntium, nisi ad diem rediisset Moerus, eandam poenam passūrum, eum ad sorōrem collocandam dīmīsit. Moerus tamen cum, collocātā sorōre, iam reverterētur, ad fluvium quemdam vēnit, quī, tempestāte āc pluviīs ortīs, ita erat auctus ut neque trānsīre neque trānsnatāre posset. Ad rīpam igitur cōnsēdit et flēre incēpit nē amīcus prō sē perīret. Intereā tyrannus cum hōrae sex tertiī iam diēī essent, neque vēnisset Moerus, Selīnuntium in crucem tollī iūssit; cuī Selīnuntius diem nōndum praeteriisse respondit. Sed cum iam nōna adesset hōra, iterum Dionȳsius eum ad crucem dūcī iūssit. Quī cum ductus esset, vix tandem Moerus, dēminūtō flūmine, quī carnificem erat cōnsecūtus, dē longinquō clāmāns, "Dēsiste, carnifex," inquit, "adsum, quem spopondit." Quō nūntiatō, Dionȳsius ambōs in amīcitiam recēpit, vītamque Moerō concēssit.

# ARCHELĀUS

Archelāus rēgnō ā frātribus ēiectus in Macedoniam ad rēgem Cisseum exsul vēnit; quī, cum ā fīnitimīs oppūgnārētur, Archelāō rēgnum et fīliam suam sē in mātrimōnium datūrum esse pollicētur, sī sē ab hoste tūtātus esset. Itaque Archelāus, cum hostēs ūnō proeliō fugāvisset, ab rēge prōmīssa petiit. Ille tamen, cum amīcī pactiōnem dissuāsissent, Archelāum fidē fraudātum per dolum interficere cōnstituit. Itaque foveam fierī iūssit, et multōs carbōnēs eī impositōs incendī, et super virgulta tenuia pōnī. Quibus factīs, rēgis quīdam servus omnia Archelāō patefēcit; quī, rē cōgnitā, sē cum rēge, arbitrīs sēmōtīs, sēcrētō velle colloquī dīxit. Quō aditū datō, rēgem abreptum in foveam suam coniēcit.

# HARMODIUS ET ARISTOGĪTŌN

Harmodius, cum tyrannum Hipparchum interficere vellet, prīmō porcum occīdit, et ad Aristogītonem amīcum suum cum cruentō ēnse vēnit, cuī dīxit sē mātrem interfēcisse; deinde, ut invenīret utrum fidēs eī habenda esset necne, ōrāvit ut sē cēlāret. Quī cum ab eō cēlārētur, Aristogītonem rogāvit ut prōgrederētur, rūmōrēsque, quī essent dē mātre, sibi renūntiāret. Ille prōgrēssus nūllōs esse rūmōrēs renūntiāvit. Harmodius autem, quō magis fidem amīcī perīclitārētur, mendācium ēius increpāre incēpit. Unde vespere lītem per īram ita contrāxērunt ut alter alterī māiōra obiceret; nec ideō Aristogītōn voluit obicere amīcum suum mātrem interfēcisse. Quae cum Harmodius intellegeret, fidem amīcī expertus, sē porcum modo interfēcisse dīxit, tyrannum autem interficere velle. Ōrāvit praetereā ut sibi auxiliō esset. Cum tamen ad rēgem interficiendum vēnissent, ā satellitibus dēprehēnsī in rēgiam perdūcēbantur. Aristogītōn vērō effūgit, et Harmodius sōlus ad rēgem est perductus, quī, cum ille quis fuisset comes quaereret, nē amīcum prōderet, linguam dentibus sibi praecīdit eamque rēgis in faciem exspuit.

# PALAMĒDĒS

Ulixēs, quod Palamēdis dolō erat dēceptus, in diēs māchinābātur quōmodo eum interficeret. Tandem, initō cōnsiliō, ad Agamemnonem mīlitem mīsit quī dīceret castra eī movenda esse. Agamemnōn igitur castra movērī iūssit. Ulixēs autem māgnum pondus aurī, ubi tabernāculum Palamēdis fuerat, clam noctū obruit; epistulam quoque cōnscrīptam Phrygī captīvō ad Priamum perferendam dedit, mīlitemque suum priōrem mīsit, quī eum nōn longē ā castrīs interficeret. Posterō diē, cum exercitus in castra redīret, mīles quīdam epistulam, quam Ulixēs scrīpserat, super cadāver Phrygis positam, invēnit, quam statim ad Agamemnonem attulit. In epistulā scrīpta sunt haec verba, *Palamēdī ā Priamō mīssa*, tantumque aurī eī pollicitus erat Priamus, quantum Ulixēs in tabernāculō obruerat, sī castra Agamemnonis, ut eī prōmīserat, prōdidisset. Itaque Palamēdēs ad rēgem est adductus, sed factum negāvit. Mīlitēs autem ad tabernāculum ēius iērunt aurumque effōdērunt. Quod Agamemnōn cum vīdisset, vērē factum esse crēdidit. Quō cōgnitō, Palamēdēs, dolō Ulixis dēceptus, ab ūniversō exercitū innocēns est damnātus.

# CŪRA

Cūra, dum fluvium quemdam trānsit, crētōsum lutum vīdit. Hōc diū contemplāta in hominis figūram coepit fingere. Dum sēcum dēlīberat quidnam fēcisset, Iūppiter intervēnit, quem Cūra ōrāvit ut sīgnō spīritum daret. Hōc facile ab Iove impetrāvit; sed, cum nōmen suum eī indere vellet, Iūppiter prohibuit, suumque dīxit nōmen eī esse dandum. Dum dē nōmine Cūra et Iūppiter disceptant, accurrit et Tellūs, suumque nōmen eī impōnī dīxit oportēre, quandoquidem ē corpore suō facta esset figūra. Sāturnum iūdicem creāvērunt, quibus ille secus vidētur iūdicāsse:—*Tū, Iūppiter, quoniam spīritum dedistī, corpus recipitō: Cūra quoniam eum prīma fīnxit, quamdiū vīxerit, cūra eum teneat; sed quoniam dē nōmine ēius contrōversia est, Homō vocētur, quoniam ex humō vidētur esse factus.*

# CLEOBIS ET BITŌN

Cleobis et Bitōn fīliī Cidippae, sacerdōtis Iūnōnis, erant, quae cum bovēs ad pāscua mīssī ad hōram, quā sacra dē mōre ad templum Iūnōnis dūcī dēbēbant, nōn appāruissent, māgnō terrōre affecta est; nam mōs erat ut sacerdōs, nisi ad hōram sacra essent facta, interficerētur. Quae cum ita essent, Cleobis et Bitōn, postquam sēsē sub iugum mīsērunt, ad fānum sacra et mātrem Cidippen in plaustrō dūxērunt. Perāctō sacrificiō, Cidippē Iūnōnem est precāta, sī sacra ēius castē coluisset, sī fīliī adversus eam piī fuissent, ut quidquid bonī mortālibus contingere posset, id fīliīs suīs contingeret. Quibus fūsīs precibus, plaustrum et mātrem fīliī domum redūxērunt; quō cum vēnissent, fessī somnō acquiēvērunt, neque iterum umquam sunt experrēctī. At Cidippē nihil mortālibus melius quam morī esse intellēxit.

## POLYIDUS

Glaucus, Minōis fīlius, dum pilā lūdit in dōlium melle plēnum cecidit ; quem cum parentēs quaererent, Apollinem scīscitātī sunt dē puerō. Quibus Apollō ita respondit: Mōnstrum apud vōs nātum est, quod sī quis solverit, puerum vōbīs restituet. Minōs, sorte audītā, mōnstrum ā suīs coepit quaerere; cuī dīxērunt nātum esse vitulum, quī ter in diē colōrem mūtāret, prīmō album, secundō rubrum, deinde nigrum. Quō audītō, Minōs ad mōnstrum solvendum augurēs convocāvit. Quibus congregātīs, Polyidus mōnstrum arborī mōrō simile esse dēmōnstrāvit. " Nam prīmō," inquit, "album est, deinde rubrum, et postquam mātūruit, nigrum." Tunc Minōs eī, " Ex Apollinis respōnsō," inquit, " fīlium mihi restituere dēbēs." Deinde Polyidus dum augurātur, noctuam super cellam vīnāriam sedentem, apēsque fugantem, vīdit; et, auguriō acceptō, puerum mortuum dē dōliō ēdūxit. Cuī Mīnōs, corpore inventō, "Nunc," inquit, "spīritum restitue." Quod Polyidus cum negāret posse fierī, Mīnōs iūssit eum in monumentō cum puerō, gladiō appositō, inclūdī. Quibus factīs, dracō repente ad corpus puerī prōcēssit, quem Polyidus, puerum ēsūrum aestimāns, gladiō occīdit. Alter tamen serpēns, cum prīmum occīsum vīdisset, ē sepulchrō prōgrēssus herbam attulit, cūius tāctū spīritum priōrī restituit. Quibus vīsīs, Polyidus eādem herbā Īcarium perfricuit. Ambō deinde vōciferāre incēpērunt, dōnec Mīnōs monumentum aperīrī iūssit et fīlium incolumem reciperāvit.

## ATALANTA

Schoeneus Atalantam fīliam, virginem fōrmōsissimam, habuit, quae virtūte suā cursū virōs omnēs superābat. Haec ā patre petiit ut sē virginem servāret. Itaque cum ā plūribus in cōniugium peterētur, pater ēius certāmen procīs ēdīxit: Atalantam ēius futūram cōniugem quī sē cursū pedum antecēssisset; victō autem necem statuit. Hūiusmodī enim erat certāmen: procī inermēs fugere dēbuērunt, Atalanta tamen cum tēlō īnsequī; quōs sī intrā terminum cōnstitūtum assecūta est tēlō interficiēbat, quōrum capita in stadiō affīgēbantur. Plērōsque cum superātōs occīdisset Atalanta, novissimum hospitiō excēpit Hippomenēn. Huic enim tria māla aurea īnsīgnis fōrmae Venus dederat, quae in cursū virginī prōiceret: futūrum enim ut cupiditāte eōrum tardāretur Atalanta, ea dum peteret. Quae omnia prōsperē ēvēnērunt. Hippomenēs enim dum fugit māla aurea prōiēcit, quae ut caperet dēclīnāvit Atalanta; quō modō Hippomenēs victōriam est cōnsecūtus.

# ARĪŌN

Arīōn, citharoedus praeclārissimus, cum per cīvitātem artem suam illūstrāvisset, permāgnam sibi parāvit pecūniam. Quod cum famulī ēius intellēxissent, cum nautīs coniūrāvērunt ut eum interficerent. Cuī Apollō per somnium vēnit, eumque monuit ut ōrnātū suō et corōnā amictus dēcantāret, et eīs sē trāderet, quī eī praesidiō vēnissent. Quem cum famulī et nautae interficere vellent, petiit ab eīs ut dēcantāre prius licēret. Cum autem citharae sonus et vōx ēius audīrentur, delphīnī circā nāvem vēnērunt. Quibus vīsīs, Arīōn sē in mare praecipitāvit, quem delphīnī sublātum Corinthum ad rēgem attulērunt. Quō cum perventum esset, delphīnus quī eum portāverat in lītore est exanimātus. Rēx igitur delphīnum sepelīrī iūssit, et eī monumentum fierī. Nōn ita multō post rēgī nūntiātum est nāvem, quā vectus esset Arīōn, Corinthum tempestāte esse dēlātam. Quibus audītīs, nautās ad sē perdūcī iūssit, quī, cum rēx dē Arīone ab eīs quaesīvisset, eum obiisse respondērunt. Quibus rēx, "Crās," inquit, "ad delphīnī monumentum iūrābitis." Intereā eōs cūstōdīrī iūssit, et Arīonem monuit ut eō ōrnātū, quō sē in mare praecipitāvisset, in monumentō delphīnī māne dēlitēsceret.

Arīōn et delphīnus.

Itaque, cum nautās ad monumentum adductōs rēx per delphīnī mānēs iūrāre Arīonem obiisse iūssisset, Arīōn ipse caput ē monumentō prōtulit. Itaque nautae stupefactī, quōmodo servātus esset, obmūtuērunt, quōs rēx iūssit ad delphīnī monumentum interficī.

# HALCYONĒ

Cēyx, rēx Trāchīnius, prōdigiīs agitātus, Mīlētum ad ōrāculum Apollinis contendit, cōniugīque Halcyonae profectiōnem suam ob dēsīderium tardantī sē intrā alterum mēnsem reditūrum affīrmāvit. Sed aliter āc spērāvit rēs ēvēnērunt; naufragiō enim, dum redit, vītam āmīsit. Cūius adventum Halcyonē in diēs exspectāvit; et, cum gravissimō lūctū afficerētur, Iūnōnem assiduīs precibus fatīgābat ut marītum suum sibi incolumem redderet. Itaque Iūnō misericordiā commōta fīlium suum, ut omnia nārrāret, ad Halcyonēn mīsit, quī per somnium eī appāruit, et marītum interiisse affīrmāvit. Illa igitur, excussō sopōre, lūmen īnferrī iūssit. Deinde ad lītus ubi marītum dīmīserat dēcurrit, et, cum corpus apud proximum lītus flūctuantem perspexisset, sē in mare praecipitāvit. Ambō posteā in volucrēs quae ab Halcyonae nōmine *halcēdinēs* appellantur conversī sunt. Hae volucrēs hībernō tempore per septem diēs in mare nīdum pōnunt, pullōsque, quī cāsūs māiōrum suōrum dēplōrent, in lītore expōnunt.

## ANAXIMENĒS

Anaximenēs rēgem Alexandrum hunc in modum dolō circumvēnit. Cum Lampsacēnī Persārum partibus studērent, Alexander īrā praeter modum commōtus gravissima quaedam illīs est minātus. Illī igitur, cum et uxōrēs et līberī et patria perīclitārentur, Anaximenem mīsērunt, quī supplicibus precibus calamitātem ab sēsē dēprecārētur. Alexander autem, cum cōgnōvisset quam ob rem adesset ille, per deōs iūrāvit sē contrāria illīus precibus factūrum. Ad haec Anaximenēs, "Hanc," inquit, "ā tē grātiam, Rēx, petō, ut uxōrēs et līberōs Lampsacēnōrum in servitūtem redigās, ut templa incendās, ut urbem solō aequēs." Alexander vērō, cum hās precēs nūllā arte ēlūdere posset, quod iūrisiūrandī necessitāte cōnstrīctus tenērētur, Lampsacēnīs invītus veniam dedit.

# PENTHEUS

Pentheus monita Tīresiae auguris, ut, Līberō deō appropinquante, Thēbānī hederā redimītī prōcēderent āc sacra susciperent, contemptuī habuit. Suōs igitur hīs monitīs pārēre prohibuit, et famulīs imperāvit ut in cōnspectum suum Līberum vīnctum adtraherent. At Līber, ut rēgem vēsānum ēlūderet, in Acoetēn versus ad Tyrrhēnōs effūgit, ēosque rogāvit ut sē Naxum dēferrent. Ab hīs autem propter eximiam pulchritūdinem captus prō praedā nāvī est impositus; quī cum sē in aliam dūcī regiōnem intellēxisset, armamenta nāvis in ferās āc serpentēs convertit. Rēmōs in thyrsōs commūtāvit, vēla in pampinōs, rudentēs in hederam. Quō prōdigiō perterritī Tyrrhēnī in pelagus sē praecipitāvēre, quōs in delphīnōs et panthērās Līber mūtāvit. Post haec in montem Cithaerōnem dīgreditur, ubi Agāvēn, Pentheī mātrem, furōre aliēnātam impulit ut ipsīus fīlium, quī sacra deī prōtrīvisset, suā interimeret manū.

# MŪCIUS

Mūcius, nōbilis Rōmānus, potestāte ā senātū acceptā, in castra Porsenae rēgis, quī Rōmānōs obsidēbat, sōlus intrāvit, eō animō ut rēgem occīderet. Sed cum rēgem cōgnōscere nōn posset, ūnum ex purpurātīs prō rēge occīdit. Propter quod comprehēnsus ad rēgem perductus est; quī cum extrēma illī supplicia comminārētur, Mūcius iniectam in foculum dextram sponte suā exussit, partim ut eō documentō docēret sē vel exquīsītissima supplicia facile posse contemnere, partim ut poenam eam ā dextrā suā exigeret, quae satellitem purpurātum prō rēge occīdisset. Admīrātus igitur hominis fōrtitūdinem Porsena eum līberum dīmīsit. Cūius beneficiī nōmine, cum rēgī grātiās ille reddere vellet, indicāvit illī trecentōs iuvenēs similī modō in eum coniūrāsse. Quā rē territus Porsena, acceptīs obsidibus, bellum pāce mūtāvit.

# PȲRAMUS ET THISBE

Pȳramus et Thisbē, quī urbem Babyloniam, quam Semīramis rēgīna mūrō cīnxerat, incolēbant, cum et aetāte et fōrmā pārēs essent atque in propinquō habitārent, per rīmam parietis collocūtī amōris initia inībant. Cōnstituērunt itaque mātūtīnō tempore ad monumentum Nīnī rēgis sub arborem mōrum convenīre. Et cum celerius sub lūcem Thisbē, occāsiōnem nacta, ad locum dēstinātum vēnisset, cōnspectū leaenae perterrita, abiectō amictū, in silvam refūgit. At fera ā recentī praedā cum ad fontem tumulō vīcīnum sitiēns dēcurreret, relictam vestem ōre cruentō lacerāvit. Cūius post discēssum Pȳramus, cum ad eundem locum vēnisset, et amictum sanguine aspersum invēnisset, Thisbēn ā ferā cōnsumptam esse ratus, ferrō sē sub arbore interfēcit. Deinde Thisbē, dēpositō metū, cum ad eundem fuisset reversa locum, sē causam mortis adulēscentis exstitisse rata, nē diūtius dolōrī superesset, eōdem ferrō sē trāiēcit.

# ANCAEUS

Ancaeus, Neptūnī fīlius, agrīs colendīs studiōsissimus, cum vītēs in vīneā sereret, nimiō labōre servōs premēbat; ē quibus ūnus dominum frūctum ex eā vīneā umquam perceptūrum negāvit. Ancaeus vērō postquam mātūruērunt ūvae, laetus eās colligēbat, collēctāque vindēmiā, dum vīnum ē prēlō sibi haurīrī iubet, increpuit eum quī futūrum praedīxerat ut numquam ēius vīneae vīnum biberet. Cum ōrī calicem admōtūrus esset sermōnem illum in memoriam servō redēgit; cuī servus, "Multa," inquit, "inter calicem suprēmaque labra cadunt." Dum haec aguntur, alter, ecce, famulus accurrēns quam māximum aprum vīneam ingrēssum vastāre nūntiāvit. Ancaeus igitur, abiectō pōculō, cum ad aprum interficiendum fēstīnāvisset, dentibus ēius lacerātus interiit.

# OENOMAUS

Oenomaus fīliam habuit Hippodamīam virginem eximiae pulchritūdinis, quam nūllī ideō dabat in cōniugium, quod sibi ōrāculō respōnsum fuit ā generō nē interficerētur esse cavendum. Itaque, cum complūrēs eam in mātrimōnium peterent, certāmen cōnstituit, sē eī datūrum, quī sēcum quadrīgīs certāsset victorque exiisset, victus autem interficerētur. Oenomaus enim equōs Aquilōne vēlōciōrēs habuit. Multīs interfectīs, Pelops, Tantalī fīlius, novissimē advēnit, quī capita hūmāna super valvās affīxa vīdit. Eōrum igitur quī Hippodamīam in mātrimōnium petierant paenitēre eum coepit. Itaque Myrtilō, aurīgae Oenomaī, persuāsit, rēgnum dīmidium eī pollicitus, ut sē adiuvāret. Fidē datā, Myrtilus currum equīs iūnxit, sed rotās nōn bene affīxit. Itaque, cursū incitātō, currum dēfectum Oenomaī equī distrāxērunt. Pelops cum Hippodamīā et Myrtilō domum victor rediit.

## APELLĒS

Apellēs pīctor illūstris erat quī, perfectā operā, tabulam in pergulā trānseuntibus prōpōnere solēbat atque ipse post tabulam latēre, ut vitia quae notārentur auscultāret. Volgus enim dīligentiōrem iūdicem quam sē ipsum esse dīctitābat. Feruntque eum ā sūtōre quondam reprehēnsum quod in crepidā pauciōrēs fēcisset ānsās. Apellēs igitur, cum domum esset reversus, crepidam male pīctam ēmendāvit, posterōque diē eandem tabulam ita ēmendātam eādem in pergulā prōposuit. Mox īdem ille advēnit sūtor, quī, cum quod anteā reprehenderat iam ēmendātum esse vīdisset, superbiā ēlātus crūs quoque cavillārī incēpit. Quae cum audīret Apellēs caput subitō indīgnātus suprā tabulam ērēxit, et, "Heus tū," inquit, "quī sūtor modo es, cavē nē suprā crepidam iūdicēs." Unde fit prōverbium, *Nē sūtor suprā crepidam.*

# ACHILLĒS ET HECTŌR

Agamemnōn Brīsēidam, ex Moesiā captīvam, quam Achillēs cēperat, propter fōrmae dīgnitātem ab Achille abdūxit. Quam ob rem Achillēs īrā incēnsus in proelium nōn prōdībat, sed citharā in tabernāculō suō sē exercēbat. Sed cum Argīvī ab Hectore fugārentur, Achillēs obiūrgātus ā Patroclō arma sua eī trādidit, quibus ille Trōiānōs fugāvit; putāvērunt enim Achillem esse. Posteā ipse Patroclus ab Hectore est interfectus, armīsque spoliātus. Achillēs igitur cum Agamemnone in grātiam rediit, contrāque Hectorem inermis prōdībat, cum māter ēius Thetis ā Volcānō arma petiit. Quibus ille Hectorem occīdit, adstrīctumque ad currum circā mūrōs urbis trāxit; quem sepeliendum cum patrī Priamō nōllet dare, Priamus Iovis iūssū, duce Mercūriō, in castra Danaōrum vēnit, et fīliī corpus aurō redemptum accēpit, sepultūraeque trādidit.

# VENERĀTIŌ ERGĀ SENIŌRĒS

Athēnīs quīdam prōvectae aetātis, cum lūdōs spectātum in theātrum sērō vēnisset, sēdem vacuam invenīre nōn poterat. Quae cum vidērent nōnnūllī, digitīs sīgnāvērunt sē suās sēdēs, sī modo sibi appropinquāvisset, eī esse concēssūrōs. Senex igitur nunc ad hōs, nunc ad illōs, appropinquāvit; sed omnēs simul atque advēnit ille, lūdibriī causā ōrdinēs suōs ita stīpāvērunt ut senex exclūsus spectātōribus rīsuī esset. Tandem autem ad Lacedaemoniōrum lēgātōs forte pervēnit, quī, misericordiā commōtī, et cānōs ēius et aetātem venerātī, omnēs assurrēxērunt, sēdemque eī inter ipsōs honōrātissimō locō dedērunt. Quod ubi fierī spectātōrēs adspexērunt, pudōre cōnfectī, māximō plausū aliēnae urbis ergā senēs venerātiōnem comprobāvērunt; quibus senex, "Athēniēnsēs vērō," inquit, "quid sit rēctum, satis sciunt; Lacedaemoniī autem faciunt."

# PRŌTESILĀUS UXORQUE ĒIUS LĀODAMĪA

Achīvīs ōrāculō est respōnsum, quī prīmus lītora Trōiānōrum attigisset peritūrum. Cum Achīvī classēs applicuissent, cēterīs cūnctantibus, Prōtesilāus prīmus ē nāvī prōsiluit, quī ab Hectore cōnfestim est interfectus. Cūius uxor, Lāodamīa, āmīssō cōniuge, flētum et dolōrem patī nōn potuit. Itaque simulācrum Prōtesilāō cōniugī simile fēcit, quod in thalamīs positum colere coepit. Quod cum famulus quīdam, quī mātūtīnō tempore pōma eī ad sacrificium attulerat, per rīmam adspexisset, vīdissetque eam simulācrum amplectantem atque ōsculantem, omnia Acastō patrī nūntiāvit. Quī cum vēnisset, invidiā commōtus, nē diūtius torquerētur, iūssit sīgnum et sacra, pyrā factā, combūrī. Lāodamīa autem, cum dolōrem diūtius sustinēre nōn posset, sē in rogam immīsit atque ūsta est.

# DĒ ASINĪ UMBRĀ

Dēmosthenēs ōrātor, cum capitis reum in iūdiciō dēfendendum suscēpisset, neque auscultārent iūdicēs, ex imprōvīsō clāmāns, "Lepidam," inquit, "audīte nārrātiōnem: Adulēscēns aliquando Athēnīs Megaram profectūrus asinum condūxit. Merīdiē vērō, ārdente sōle, onus dēposuit, asinīque umbram ipse subiit. Rēiectus autem ab agāsōne vim contrā parat, et asinī etiam umbram sē condūxisse ait. Quae cum negāret agāsō, et asinum dumtaxat conductum affīrmāret, ambō in iūs eunt." Hīs dictīs, ē cōntiōne dēscendit Dēmosthenēs. Retinentibus autem eum iūdicibus atque ut nārrātiōnem perficeret flāgitantibus, cum suggestum iterum cōnscendisset, "Dē asinī," inquit, "umbrā libet, Ō Athēniēnsēs, audīre; virī tamen dē vītā perīclitantis causam auscultāre recūsātis?"

# TĒLEPHUS

Tēlephus ab Achille hastā in pūgnā percussus est. Ex quō volnere cum in diēs māiōre cruciātū angerētur, sortem ab Apolline petiit; cuī respōnsum est nēminem eī mederī posse nisi eādem hastā quā volnerātus esset. Quō audītō, Tēlephus ad rēgem Agamemnonem vēnit, et monitū Clytaemnēstrae Orestem īnfantem dē cūnābulīs rapuit, minitātus sē eum occīsūrum, nisi Achīvī sibi mederī vellent. Achīvī autem, quod ōrāculō respōnsum erat sine Tēlephō duce Trōiam capī nōn posse, facile cum eō in grātiam rediērunt, et ab Achille petiērunt ut eum sānāret. Quibus Achillēs respondit sē artem medicam nōn nōsse. Tunc Ulixēs, "Nōn tē," inquit, "dīcit Apollō, sed auctōrem volneris hastam nōminat." Hāc igitur Achīvī Tēlephum perfricuērunt et sānāvērunt; quāpropter cum eīs ad Trōiam expūgnandam profectus est.

# CHĪLŌ

Lacedaemonium Chīlōnem scrīptum est in librīs eōrum quī vītās rēsque gestās clārōrum hominum memoriae mandāvērunt, cum diē vītae suae postrēmō imminēret mors, circumstantēs amīcōs sīc allocūtum: "Dicta mea," inquit, "factaque in aetāte longā plēraque fuisse nōn paenitenda, forsitan vōs etiam sciātis. Ego certē in hōc quidem tempore nōn fallō mē, nihil esse quicquam commīssum ā mē cūius memoria reī aliquid pariat aegritūdinis; nisi profectō illud ūnum sit, quod rēctēne an perperam fēcerim, nōndum mihi plānē liquet." Flāgitantibus amīcīs ut quid reī esset nārrāret, hunc in modum perrēxit Chīlō: "Dē amīcī capite," inquit, "iūdex cum duōbus aliīs fuī. Lēx ita fuit, ut hominem condemnārī necesse esset. Aut amīcus igitur reī capitālis erat damnandus, aut lēgī adhibenda fuit fraus. Multa cum animō meō dē cāsū tam ancipitī cōnsultantī optimum vīsum est id quod fēcī. Sed nesciō an rē vērā mē honestē gesserim." Cum amīcī quid ēgisset interrogārent, "Ipse," inquit, "tacitus ad condemnandum sententiam tulī; aliīs, quī simul iūdicārent, ut absolverent, persuāsī."

# MELEĀGER

Meleāger Althaeae fīlius erat, quī cum nātus esset, subitō in rēgiā appāruērunt Parcae, Clōthō, Lachesis, Ātropos, quae Meleāgrō fāta ita cecinērunt. Clōthō dīxit eum generōsum futūrum, Lachesis fortem. Ātropos taedam ārdentem in focō adspexit, et, "Tamdiū," inquit, "hīc vīvet quamdiū haec taeda cōnsūmpta nōn fuerit." Hanc igitur Althaea in arcā clausam dīligenter servāvit. Multīs praeteritīs annīs, Diāna īrā incēnsa, quod sacra annua eī nōn facta erant, aprum mīrā māgnitūdine, quī agrōs vastāret, mīsit; quem Meleāger cum dēlēctīs Graeciae iuvenibus interfēcit, pellemque ēius Atalantae virginī, quam dīligēbat, ob virtūtem dōnāvit. Hanc pellem Althaeae frātrēs, avunculī Meleāgrī, eī ēripere voluērunt. Quae cum Meleāgrī fidem implōrāsset, ille intervēnit, et amōre cōgnātiōnī antepositō, avunculōs occīdit suōs. Quae cum Althaea māter audīvisset, fīlium suum tantum facinus esse ausum, Parcārum praeceptī memor taedam ex arcā prōlātam in īgnem iēcit. Ita dum frātrēs ulcīscī volt, fīlium interfēcit.

## POLYCRATĒS

Polycratēs tyrannus, quī in Samō īnsulā rēgnāvit, opibus et fēlīcitāte celeber fuit. Nihil enim eī in vītā adversī umquam contigit. Ānulum habuisse dīcitur incrēdibilis pretiī sibique cārissimum, quem, ut nimis sibi prōsperam fortūnam aliquā adversitāte temperāret, in mare abiciendum statuit. Nāvem igitur cōnscendit atque in altum prōvehī iūssit. Postquam ab īnsulā procul prōcēssit, īnspectantibus eīs, quī ūnā nāvigābant, ānulum dē digitō dētrāctum in pelagus abiēcit.

Tribus post diēbus piscātor quīdam captum ā sē piscem grandem sānē āc pulchrum, putāvit dīgnum quō Polycratem dōnāret; eum ad forēs cum attulisset, dīxit sē in cōnspectum Polycratis velle īre. Ā iānitōre admīssus, "Ō rēx," inquit, "hunc ego quem cēpī piscem, in forum mihi ferendum esse nōn iūdicāvī, sed tē tuāque potentiā dīgnum. Eum igitur adferō tibi, dōnōque." Polycratēs piscem ministrīs dedit, quī, cum alvum aperuissent, ānulum ibi latentem invēnērunt.

# PROMĒTHEUS

Promētheus prīmus hominēs ex lutō fīnxit; posteā Iovis iūssū mulieris quoque effigiem

Promētheus et aquila.

fēcit, cuī Minerva animam dedit, cēterīque deī alius aliud dōnum dedērunt. Hominēs multa saecula sine oppidīs lēgibusve vītam exēgērunt ūnā linguā loquentēs sub imperiō Iovis. Sed, postquam Mercurius aliīs linguīs sermōnēs īnstituit, discordia inter mortālēs esse coepit, quod Iovī placitum nōn est. Itaque hominēs in nātiōnēs distribuit. Sed mox īgnem ab immortālibus petere incipiēbant. Hunc cum Iūppiter dare nōllet, Promētheus in ferulā dētulit in terrās, hominibusque mōnstrāvit quōmodo cinere obrutum servāre possent. Quāpropter Mercurius Iovis iūssū eum in monte Caucasō clāvīs ferreīs ad saxum dēligāvit; aquilam quoque apposuit quae cor ēius dēvorāret. Quantum aquila diē ēderat, tantum nocte cor crēscēbat. Hanc aquilam post trīgintā annōs Herculēs interfēcit, Prōmētheumque līberāvit.

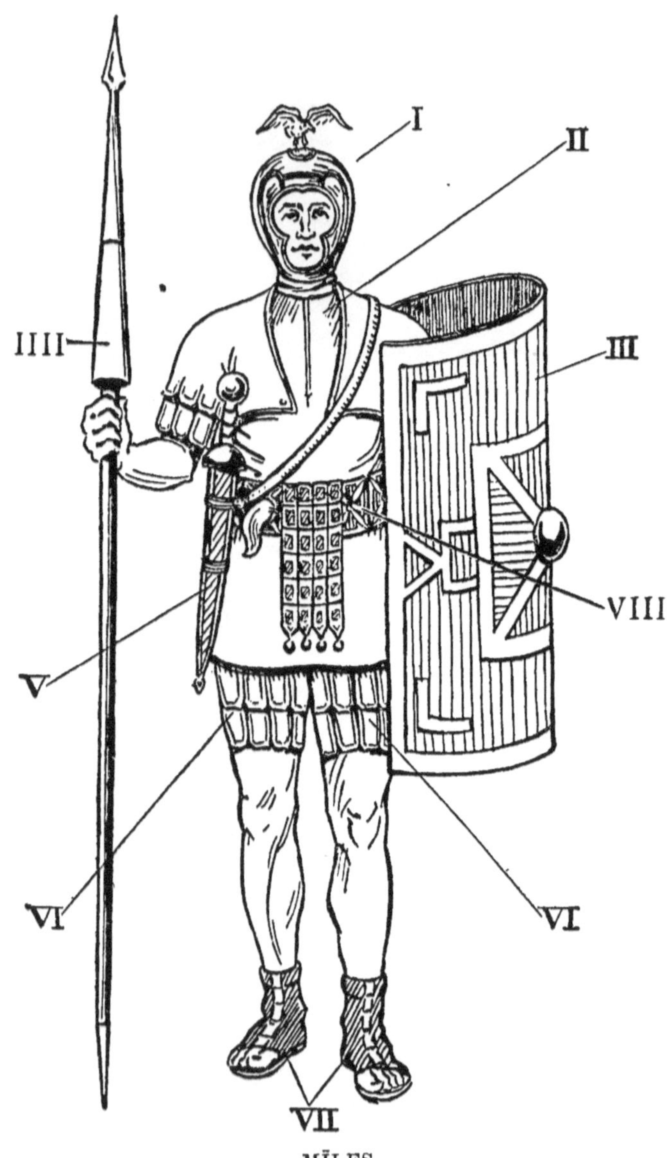


MĪLES.

| I. Galea. | II. Lōrīca. | III. Scūtum. | IIII. Pilum. |
|---|---|---|---|
| V. Gladius. | VI. Brācae. | VII Caligae. | VIII. Balteus |

# INDEX VERBŌRUM

Fīnxī puerōs iam didicisse haec verba: prōnōmina, prōnōminālia, praepositiōnēs, coniūnctiōnēs, numerālia omnia.

## NŌMINA.

Aestās, aetās, ager, amīcus, animal, animus, annus, aqua, arbor, auxilium, avis, bōs, caelum, canis, caput, carmen, cāsus, causa, cēna, color, comes, corpus, cūra, cūstōs, dēns, diēs, dominus, domus, dōnum, dux, equus, fābula, figūra, fīnis, flūmen, frāter, frūx, fuga, gaudium, genus, grātiae, herba, homō, hōra, iānua, īgnis, imperātor, īra, iter, iūdex, iuvenis, lapis, liber, līttera, locus, magister, manus, mare, māter, mēnsa, metallum, modus, mora, morbus, mors, mūrus, nāsus, negōtium, nōmen, nox, nummus, oculus, officium, opus, ōrdō, ōs (ōris), os (ossis), pānis, pars, pater, pectus, pecūnia, pellis, pēs, poēta, pōns, puer, rēs, rēx, rūs, sella, senex, sēnsus, servus, sōl, sonus, soror, spatium, speciēs, tabula, tempus, terra, timor, turba, umerus, unda, urbs, uxor, verbum, via, vir, virtūs, vīs, vīrēs, volnus, vōx.

## VERBA.

Accipiō, adsum, afficiō, agō, ambulō, aperiō, ascendō, attinēre ad, audiō, bibō, cadō, caedō, capiō, cēdō, cingō, claudō, cōgō, cōnor, cōnsentiō, crēdō, crēscō, cūrō, currō, decet, dēcipiō, decorō, dēfendō, dēscendō, dēsistō, discō, doceō, doleō, dō, dūcō, edō, efficiō, emō, eō, faciō, ferō, fīō, fleō, fluō, frangō, fruor, fugiō, gaudeō, habeō, habitō, haereō, iaceō, iaciō, impōnō, incipiō, indūcō, induō, īnsum, intellegō, iubeō, iungō, laudō, legō, līberō, licet, loquor, lūdō, maneō, meminī, mīsceō, mittō, mōnstrō, morior, moveō, nārrō, nāscor, nesciō, noceō, numerō, oportet, ōrnō, ōrō, pāreō, parō, pendō, perdō, persuādeō, petō, placeō, pōnō, poscō, possum, praebeō, premō, proficīscor, pūgnō, pulsō, putō, quatiō,

rapiō, recitō, reddō, redeō, regō, relinquō, reperiō, respondeō, rīdeō, rogō, scrībō, secō, sedeō, sīgnificō, sinō, soleō, spectō, spīrō, stō, surgō, taceō, taedet, tangō, tegō, tendō, teneō, timeō, tollō, trahō, ūtor, vehō, vēndō, veniō, vertō, videō, vincō, vīvō, vocō, volō (velle).

## ADIECTĪVA.

Ācer, aptus, bonus, calidus, certus, clārus, contrārius, crūdēlis, dīgnus, dīves, dubius, dulcis, facilis, fessus, grātus, gravis, honestus, humilis, inānis, īnsānus, īrātus, iūstus, lātus, levis, longus, māgnus, malus, medius, mīrus, miser, mollis, multus, niger, nōbilis, novus, parvus, plēnus, praesēns, pūblicus, pulcher, pūrus, rēctus, Rōmānus, ruber, sacer, saevus, sānus, sērus, similis, stultus, summus, tacitus, tālis, tūtus, validus, varius, vērus.

## ADVERBIA.

Anteā, bene, breviter, celeriter, certē, cūr, deinde, dīligenter, diū, ferē, fortāsse, forte, herī, igitur, interdum, intus, ita, iterum, longē, male, māne, nimis, nunc, nunquam, ōlim, omnīnō, paene, plērumque, posteā, repente, retrō, saepe, semper, sērō, tandem, ūsque, valdē, vix.

**abdūcō**, -ere, -dūxī, -ductum ; contrārium quam *addūcō.*

**abeō**, -īre, -īvī (-iī), -itum ; ex hōc locō in alium eō.

**abhorreō**, -ēre ; ab aliquā rē abhorreō sī horribilis mihi vidētur esse.

**abiciō**, -ere, -iēcī, -iectum ; ā mē iaciō.

**abigō**, -ere, -ēgī, -āctum ; ex aliquō locō in alium agō ; dēpellō.

**abiūdicō**, -āre ; iūdiciō habitō aliquid aliī dō.

**abnegō**, -āre ; negō, recūsō.

**abōminō**, -āre ; ōdī ; nōn amō.

**abripiō**, -ere, -ripuī, -reptum ; ab aliquō rapiō.

**abrumpō**, -ere, -rūpī, -ruptum ; dīrumpō.

**abscīdō**, -ere, -cīdī, -cīsum ; ab aliquā rē secō.

**abscindō**, -ere, -cidī, -cissum ; āvellō, abripiō.

**absolvō**, -ere, -solvī, -solūtum ; solvō ; līberō ; contrārium quam *damnō ; forēs absolvō* est *forēs aperiō.*

**abstinentia**, -ae (*f.*) ; nōmen est ā verbō *abstinēre* ductum.

**abstineō**, -ēre, -tinuī, -tentum ; ā cibō mē abstineō sī nōn edō.

**abstrahō**, -ere, -trāxī, -tractum ; ab aliquō trahō ; auferō.

**absum**, -esse, āfuī ; contrārium quam *adsum ; nōn multum abest quīn* sīgnificat *paene.*

**accidō**, -ere, accidī ; id accidit quod cāsū, vel forte, fit.

**accommodō**, -āre ; aptum vel idōneum alicuī faciō.
**accumbō**, -ere, -cubuī, -cubitum ; iaceō ; apud aliquid recumbō.
**accurrō**, -ere, accurrī, accursum ; ad aliquem locum currō.
**accūsō**, -āre ; apud iūdicēs aliquem scelus admīsisse dīcō. Si quis, "Hominem," inquit, "interfēcistī," mē ut sīcārium accūsat.
**Achīvī**, -ōrum ; Graecī.
**aciēs**, -ēī (*f.*) ; ōrdō mīlitum dum in pūgnā pūgnant.
**acquiēscō**, -ere, -quiēvī, -quiētum ; quiēscere incipiō.
**āctiō**, -ōnis (*f.*) ; id quod agō, vel faciō, est āctiō. Nōmen est *āctiō*, verbum *agō*.
**acuō**, -ere, -uī, -ūtum ; aliquid acūtum reddō vel faciō.
**acūtus**, -a, -um ; id est acūtum quō aliquid facile possumus secāre.
**addō**, -ere, -didī, -ditum ; sī duās rēs tibi dō deinde trēs aliās dō, trēs addō.
**addūcō**, -ere, -dūxī, -ductum ; dūcō ad ; *forēs addūcō* est *forēs claudō*.
**adeō** ; ita.
**adferō**, -ferre, attulī, allātum ; ferō ad ; mēcum portō.
**adhibeō**, -ēre ; habeō, mōnstrō, praestō.
**adhūc** ; i.e. ad hūc ; ad hōc temporis.
**adipīscor**, -ī, adeptus sum ; capiō, potior.
**aditus**, -ūs (*m.*), nōmen est, verbum est *adeō*.
**adiūdicō**, -āre ; iūdicō, cēnseō.
**adiūtor**, -ōris (*m.*) ; is quī aliquem adiuvat.
**adiuvō**, -āre, -iūvī, -iūtum ; auxilium dō.
**admīror**, -ārī ; id quod mīrābile est admīror.
**admīsceō**, -ēre, -scuī, -xtum ; aliquid cum aliā rē mīsceō.
**admīttō**, -ere, -mīsī, -mīssum ; intrāre sinō ; *facinus admīttō* est *facinus faciō*.
**admoneō**, -ēre ; moneō.
**admoveō**, -ēre, -mōvī, -mōtum ; moveō ad.
**adolēscō**, -ere, -ēvī, -ultum ; crēscō.
**adportō**, -āre ; portō ad.
**adstringō**, -ere, -strīnxī, -strīctum ; vinciō, alligō.
**adtrahō**, -ere, -trāxī, -tractum ; trahō ad.
**adulēscēns**, -entis (*m. f.*) ; aut puer aut puella adhūc crēscēns. Est *īnfāns*, *puer*, *adulēscēns*, *iuvenis*, *homō adultus*.
**adulēscentia**, -ae (*f.*) ; aetās adulēscentis.
**aduncus**, -a, -um ; uncō similis.
**advena**, -ae (*m. f.*) ; aut homō quī advenit, aut fēmina.
**adveniō**, -īre, -vēnī, -ventum ; veniō ad.
**adventus**, -ūs (*m.*) ; nōmen est, verbum est *adveniō*.
**adversārius**, -ī (*m.*) ; is quī contrā mē contendit.
**adversitās**, -ātis (*f.*) ; mala fortūna.
**adversum**, -ī (*n.*) ; malum.
**adversus**, -a, -um ; id est adversum quod contrā nōs contendit.
**aedificium**, -ī (*n.*) ; id quod aedificāmus.
**aedificō**, -āre ; faciō ; domōs aedificāmus.

**aedīlis**, -is (*m.*); magistrātus quīdam.
**aeger**, -gra, -grum; nōn validus; is quī nōn valet est aeger, malā valētūdine ūtitur.
**aegrē**; nōn facile.
**aegritūdō**, -inis (*f.*); dolor.
**aegrōtō**, -āre; aeger sum; nōn valeō.
**Aegyptus**, -ī (*f.*); pars septentriōnālis Āfricae per quam Nīlus flūmen fluit.
**aēneus**, -a, -um; id est aēneum quod ex aere factum est.
**aēnum**, -ī (*n.*); māgnum vās quod super īgnem suspendimus in quō aliquid coquāmus.
**aequālis**, -e; duo + duo aequālēs sunt numerō quattuor.
**aequē**; adverbium est, adiectīvum est *aequus*.
**aequō**, -āre; aequus aliī fīō. Duo et trēs aequant quīnque.
**aequus**, -a, -um; aequālis; iūstus. *Aequō animō = sine perturbātiōne.*
**āēr**, āëris (*m.*); āëra spīrāmus et respīrāmus; sine āëre vīvere nōn possumus.
**aerumna**, -ae (*f.*); dolor.
**aes**, aeris (*n.*); metallum quoddam ex quō nummōs nōn māgnī pretiī, nec nōn arma, facimus.
**aestimō**, -āre; putō; aliquā rē dīgnum esse putō.
**aestīvus**, -a, -um; ad aestātem attinēns.
**aestus**, -ūs (*m.*); calor.
**affectō**, -āre; adipīscī cōnor.
**affīgō**, -ere, -fīxī, -fīxum; aliquid aliī reī iungō.
**affīrmō**, -āre; dīcō.
**agāsō**, -ōnis (*m.*); cūstōs equōrum vel asinōrum.
**aggredior**, -ī, -grēssus sum; incipiō cōnārī; impetum faciō in, contrā aliquem currō.
**agitātor**, -ōris (*m.*); is quī equōs dīrigit.
**agitō**, -āre; quatiō; perturbō.
**āgnōscō**, -ere, -nōvī, -nitum; quis vel quālis sit aliquis intellegō.
**agō**, -ere, ēgī, āctum; faciō; aliquem abīre cōgō. *Id agō = operam dō.*
**agrestis**, -e; is est agrestis quī in agrīs vīvit; nōn domesticus.
**agricola**, -ae (*m.*); is quī agrōs colit.
**āiō**; dīcō *ita*.
**aliās**; aliō tempore.
**aliēnātus**, -a, -um; mūtātus. *Mente aliēnātus = īnsānus.* Tālēs hominēs in locō quōdam tūtō, cuī nōmen asȳlum, cūstōdīmus.
**aliēnus**, -a, -um; ad aliōs attinēns.
**aliquantulum**; nōn multum.
**aliter**; aliō modō.
**alligō**, -āre; vinciō.
**alloquor**, -ī, -locūtus sum; loquor cum aliquō.
**altē**; adverbium ab adiectīvō *altus* ductum. *Is altē dormit quem vix excitāre possumus.*
**altercor**, -ārī; verbīs contrā aliquem contendō.
**altitūdō**, -inis (*f.*); nōmen est; adiectīvum est *altus*.
**altus**, -a, -um; contrārium quam *humilis*.
**alumnus**, -ī (*m.*); īnfāns quem nūtrīx cūrat.
**alvus**, -ī (*f.*); venter.
**amātor**, -ōris (*m.*); is quī amat.

**amiciō**, -īre, -icuī vel -ixī, -ictum ; vestēs induō.
**amīcitia**, -ae (*f.*) ; id quod inter amīcōs est.
**amictus**, -ūs (*m.*) ; vestis ; habitus. Nōmen est ā verbō *amiciō* ductum.
**āmittō**, -ere, -mīsī, -mīssum ; perdō.
**amoenus**, -a, -um ; iūcundus, dulcis.
**amor**, -ōris (*m.*) ; nōmen ā verbō *amō* ductum.
**amphora**, -ae (*f.*) ; māgnum vās.
**amplector**, -ī, amplexus sum ; bracchia mea collō alicuī circumdō.
**anceps**, -ipitis ; dubius.
**ancilla**, -ae (*f.*) ; servus fēminīnus.
**angō**, -ere, ānxī, ānctum vel ānxum ; cruciō, dolōre aliquem afficiō.
**anguis**, -is (*m.f.*) ; serpēns.
**angulus**, -ī (*m.*) ; pars cellae ubi mūrus alter alterī accurrit.
**angustus**, -a, -um ; nōn lātus.
**anhēlō**, -āre ; nōn facile spīrō. Canis sī vehementer currit anhēlat.
**anicula**, -ae (*f.*) ; anus parva.
**anima**, -ae (*f.*) ; id quod ex ōre venit dum spīrāmus ; pars hominis immortālis.
**animadvertō**, -ere, -vertī, -versum ; animum ad aliquid vertō ; percipiō, videō.
**annōna**, -ae (*f.*) ; frūmentī cōpia vel pretium.
**annuus**, -a, -um ; ad annum attinēns.
**ānsa**, -ae (*f.*) ; quasi parvus laqueus soleae affīxus per quem corrigiam īnserimus.
**antecēdō**, -ere, -cēssī, -cēssum ; superō, supergredior, aliīs melior sum.
**antīquus**, -a, -um ; contrārium quam *novus*.
**ānulus**, -ī (*n.*) ; aliquid rotundum quod in digitō gerere solēmus.
**anus**, -ūs (*f.*) ; mulier prōvectae aetātis.
**aper**, -rī (*m.*) ; porcus agrestis.
**aperiō**, -īre, aperuī, apertum ; contrārium quam *claudō*.
**apis**, -is (*f.*).
**appāreō**, -ēre ; id appāret quod vidēre possumus.
**appellō**, -āre ; nōmen dō.
**appellō**, -ere, -pulī, -pulsum ; pellō ad ; nāvem ad lītus dīrigō.
**appetō**, -ere, -īvī (-iī), -ītum ; capere cōnor ; petō.
**applicō**, -āre, -āvī (-uī), -ātum (-itum) ; nāvem appellō.
**appōnō**, -ere, -posuī, -positum ; apud aliquem pōnō ; praecipuē, in mēnsā pōnō.
**appropinquō**, -āre ; eō ad.
**aptō**, -āre ; iungō, affīgō, accommodō.
**aquila**, -ae (*f.*) ; māgna avis, quasi rēx avium.
**aquilō**, -ōnis (*m.*) ; ventus quī ē regiōne septentriōnālī flat.
**āra**, -ae (*f.*) ; quasi mēnsa suprā quam sacrificāmus.
**arānea**, -ae (*f.*) ; parvum animal quod tēlam sibi eō cōnsiliō texit ut muscās capiat.
**arātrum**, -ī (*n.*) ; īnstrūmentum quō agricola agrōs arat.
**arbiter**, -trī (*m.*) ; spectātor ; tēstis ; iūdex.

**arbitror**, -ārī; putō.
**arca**, -ae (*f.*); rēs quaedam quadrāta in quā aliās rēs inclūdimus ut cūstōdiantur.
**arcessō**, -ere, -īvī, -ītum; vocō, aliquem ut aliquid adferat mittō. 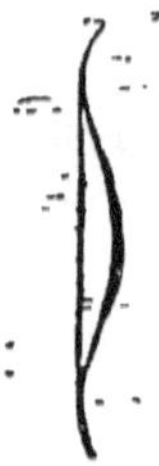
**architectus**, -ī (*m.*); is quī domum aedificandam dēscrībit.
**arcus**, -ūs (*m.*).
**ārdeō**, -ēre, ārsī, ārsum; īgnis ārdet.
**ārdor**, -ōris (*m.*); nōmen ā verbō *ārdeō* ductum.
**arduus**, -a, -um; altus; difficilis.
**arēna**, -ae (*f.*); ēiusmodī terra quālis apud mare est. Locus in Circō ubi gladiātōrēs pūgnāre solent. Ita nōminātur quia arēna suprā terram est sparsa.
**argenteus**, -a, -um; adiectīvum ā nōmine *argentum* ductum.
**argentum**, -ī (*n.*); metallum albī colōris ex quō nummōs facimus.
**argumentum**, -ī (*n.*); documentum.
**ariēs**, -etis (*m.*); ovis masculīna.
**arma**, -ōrum (*n.*); rēs quibus mīlitēs pūgnant āc sē dēfendunt.
**armāmenta**, -ōrum (*n.*); armāmenta nāvis sunt omnia quae ūsuī sunt in nāve, ut fūnēs, vēla, rēmī.
**armātus**, -a, -um; arma ferēns.
**arō**, -āre; instrūmentō cuī nōmen arātrum sulcōs in agrō faciō.
**arrīdeō**, -ēre, -sī, -sum; paene idem quod *rīdeō*.
**arripiō**, -ere, -ripuī, -reptum; ad mē rapiō.
**ars**, artis (*f.*); ars poētae est carmina scrībere, pīctōris pīctūrās pingere.
**arx**, arcis (*f.*); locus altior in mediā urbe situs.
**asinīnus**, -a, -um; ad asinum attinēns.
**asinus**, -ī (*m.*); animal omnium stultissimum quod longās habet aurēs.
**aspergō**, -ere, -spersī, -spersum; aliquid aliquā rē spargō.
**aspernātiō**, -ōnis (*f.*); nōmen ā verbō *aspernor* ductum.
**aspernor**, -ārī; prō nihilō habeō; contemnō.
**aspiciō**, -ere, -spexī, -spectum; videō.
**assequor**, -ī, -secūtus sum; aliquem sequendō dēprehendō.
**assiduē**; adverbium ab adiectīvō *assiduus* ductum.
**assiduus**, -a, -um; id est assiduum quod nōn saepe omīttitur; paene semper fit.
**assurgō**, -ere, -surrēxī, -surrēctum; surgō.
**astrologia**, -ae (*f.*); scientia astrōrum.
**astrum**, -ī (*n.*); lūmen quoddam lūnā minus quod noctū in caelō vidēmus.
**āter**, -ra, -rum; niger.
**attingō**, -ere, -tigī, -tāctum; tangō.
**auctor**, -ōris (*m.*); is quī aliquid scrīpsit vel fēcit ēius est auctor.
**auctumnus**, -ī (*m.*); vidē *hiemps*.
**audācia**, -ae (*f.*); est nōmen, adiectīvum est *audāx*.
**audāx**, -ācis; is est audāx quī nihil timet.

**audeō**, -ēre, ausus sum; nōn timeō; audāx sum.
**auferō**, -ferre, abstulī, ablātum; ab aliquō capiō.
**aufugiō**, -ere, -fūgī; effugiō.
**augeō**, -ēre, auxī, auctum; aliquid māius faciō; extendō.
**augur**, -uris (*m.*); vātēs quī vīscera animālium īnspiciendō vāticinātur.
**augurium**, -ī (*n.*); id quod augur ēdīcit.
**auguror**, -ārī; augur augurātur.
**aurātus**, -a, -um; aurō similis; aurō tēctus.
**aureus**, -a, -um; *nōmen* est aurum, *adiectīvum* est aureus.
**aurīga**, -ae (*m.f.*); is quī currum regit aurīga est.
**auris**, -is (*f.*); id quō audīmus.
**aurum**, -ī (*n.*); metallum quoddam pretiōsum.
**auscultō**, -āre; animum ut aliquid audiam attendō.
**auxilior**, -ārī; auxilium dō; adiuvō.
**avāritia**, -ae (*f.*); nōmen est *avāritia*, adiectīvum *avārus*.
**avārus**, -a, -um; avidus.
**āvehō**, -ere, -vexī, -vectum; auferō.
**āvellō**, -ere, -vulsī (-vellī), -vulsum; abripiō: vī abstrahō.
**avidē**; adverbium ab adiectīvō *avidus* ductum.
**aviditās**, -ātis (*f.*); nōmen est, adiectīvum est *avidus*.
**avidus**, -a, -um; is est avidus quī nimis edit.
**āvius**, -a, -um; locus āvius est locus ubi nōn est via.
**avunculus**, -ī (*m.*); frāter mātris.

**bāca**, -ae (*f.*); aliquid parvum āc rotundum quod in arbore crēscit.
**Bacchus**, -ī (*m.*); deus vīnī.
**baculum**, -ī (*n.*); senex īnfīrmus dum ambulat baculum sēcum portat quō facilius prōgrediātur.
**balneum**, -ī (*n.*); stāgnum in quō natāre licet.
**balteus**, -ī (*m.*); vidē pāginam centēsimam trīgēsimam secundam.
**barba**, -ae (*f.*); crīnis quī in mentō crēscit.
**beātus**, -a, -um; contrārium quam *miser*.
**bellua**, -ae (*f.*); bēstia.
**beneficium**, -ī (*n.*); id quod homō benīgnus nōbīs praebet.
**benīgnitās**, -ātis (*f.*); nōmen est, adiectīvum est *benīgnus*.
**benīgnus**, -a, -um; contrārium quam *crūdēlis*.
**bēstia**, -ae (*f.*); animal ferōx.
**blandior**, -īrī; molliter rem ergā aliquem agō cuī placēre studeō; molliter tractō.
**bracchium**, -ī (*n.*).

**brevis**, -e; nōn longus.
**būbō**, -ōnis (*m.*); avis quae noctū volat.
**bucca**, -ae (*f.*); gena īnflāta.
**būcinātor**, -ōris (*m.*); tubicen.

**cachinnus**, -ī (*m.*); rīsus māgnus.
**cadāver**, -eris (*n.*); corpus mortuum.
**caedēs**, -is (*f.*); nōmen est; verbum est *caedō*.
**caedō**, -ere, cecīdī, caesum; interficiō; secō; percutiō.

**caelebs**, -ibis ; cui nōn est cōniūnx.
**calamitās**, -ātis (*f.*) ; aliquid malī.

**calamus**, -ī (*m.*).
**calceus**, -ī (*m.*) ; id quod pedibus induimus vel indūcimus.
**calcō**, -āre ; calce feriō.
**calculus**, -ī (*m.*) ; lapillus quō sententiam iūdex ferre solet.
**calīgō**, -inis (*f.*) ; tenebrae.
**calix**, -icis (*m.*) ; pōculum.
**callidus**, -a, -um ; sagāx.
**calor**, -ōris (*m.*) ; nōmen est ; adiectīvum est *calidus*.
**calx**, calcis (*f.*) ; posterior pars pedis.
**candidus**, -a, -um ; albus.
**candor**, -ōris (*m.*) ; lūx candida.
**canō**, -ere, cecinī, cantum ; carmina vōce canimus ; sonō.
**cantō**, -āre ; canō.
**cantus**, -ūs (*m.*) ; nōmen ā verbō *canō* ductum.
**cānus**, -a, -um ; albus ; *cānī* sunt capillī senis.
**caper**, -rī (*m.*) ; animal quod cornua et barbam habet ; lac nōbīs praestat. Nōnnumquam hominēs cornibus petit.
**capillus**, -ī (*m.*) ; crīnēs.
**capitālis**, -e ; ad caput attinēns. Rēs capitālis est crīmen cūius poena est mors.
**captīvus**, -ī (*m.*) ; is quī in bellō captus est.
**capulus**, -ī (*m.*) ; pars gladiī quam manū tenēmus.
**carbō**, -ōnis (*m.*) ; nigra quaedam māteria quam ē terrā effodimus ut ignī factō combūrāmus.
**carcer**, -eris (*m.*) ; locus ubi malōs hominēs cūstōdīmus.
**cardō**, -inis (*m.*) ; cardinēs sunt parvae rēs ex quibus iānua pendet.
**careō**, -ēre (*abl.*) ; nōn habeō.
**carnifex**, -icis (*m.*) ; is quī hominēs damnātōs occīdit, vel interficit.
**carō**, carnis (*f.*) ; pars corporis mollior quae ossa quasi amicit. Carnem, pānem, piscēs edimus.
**cārus**, -a, -um ; is mihi est cārus quem amō.
**casa**, -ae (*f.*) ; domus parva.
**cāseus**, -ī (*m.*) ; genus cibī quod ex lacte facimus. Mūrēs cāseum amant.
**castē** ; adverbium ab adiectīvō *castus* ductum.
**castra**, -ōrum (*n.*) ; locus ubi mīlitum tabernācula sunt posita.
**castus**, -a, -um ; pūrus, integer, pius.
**cāsus**, -ūs (*m.*) ; verbum est *cadō*, nōmen *cāsus*.
**catēna**, -ae (*f.*) ; vinculum.
**cauda**, -ae (*f.*) ; membrum corporis quod hominēs nōn habent. Canis cum gaudet caudam quatit.
**caupōna**, -ae (*f.*) ; dēversōriī domina.
**causa**, -ae (*f.*) ; ōrātiō apud iūdicium quā reum dēfendimus.
**cavea**, -ae (*f.*) ; pars theātrī ubi spectātōrēs sedēre solent ; sellae spectātōrum.
**caveō**, -ēre, cāvī, cautum ; cūram adhibeō nē quid accidat. Dum magister ap-

propinquat discipulī *Cavē* exclāmant. Cavē canem.
**cavillor**, -ārī; increpō; irrīdeō.
**cedo**; dā.
**celeber**, -bris, -bre; nōtus, clārus, nōbilis.
**celer**, -eris, -e; is est celer quī aliquid celeriter agit.
**cella**, -ae (*f.*); pars domūs inter quattuor mūrōs.
**cēlō**, -āre; tegō; aliquid in locō pōnō ubi nēmō possit invenīre.
**cēnāculum**, -ī (*n.*); cella ubi cēnāmus.
**cēnō**, -āre; cēnam edō.
**cēnseō**, -ēre, -uī, cēnsum; putō; sentiō.
**cēra**, -ae (*f.*); id quō apēs favōs faciunt.
**Cerberus**, -ī (*m.*); canis trīceps quī portam mundī īnferiōris cūstōdiēbat.
**Cerēs**, -eris (*f.*); dea frūmentī.
**certāmen**, -inis (*n.*); contentiō.
**certior** fīō, factus sum; audiō.
**certō**, -āre; certāmen ineō; contendō.
**cerva**, -ae (*f.*); cervus fēminīnus.
**cervus**, -ī (*m.*); animal quoddam timidum quod cornua habet. Celerrimē currere potest.
**cēterī**, -ae, -a; omnēs aliī.
**cētus**, -ī (*m.*); bellua marīna.
**cibus**, -i (*m.*); quicquid edimus.
**cinis**, -eris (*m.*); id quod in focō manet postquam carbō est cōnsumptus.
**circumeō**, -īre, -īvī (-iī), -itum; eō circum.
**circumdō**, -are, -dedī, -datum; cingō.
**circumstō**, -āre, -stetī; stō circum.
**circumveniō**, -īre, -vēnī, -ventum; dēcipiō.
**circus**, -ī (*m.*); locus ubi spectācula adhibērī solent.
**cista**, -ae (*f.*); rēs quaedam quadrāta in quā aliās rēs cūstōdīmus.
**cithara**, -ae (*f.*).
**citharoedus**, -ī (*m.*); is quī ad citharae sonum canit.
**cīvis**, -is (*m.*); is quī urbem habitat cīvis est ēius urbis.
**cīvitās**, -ātis (*f.*); regiō quam cīvēs habitant.
**clam**; sēcrētō, nūllō vidente.
**clāmō**, -āre; māgnā vōce loquor.
**clāmor**, -ōris (*m.*); nōmen est; verbum est *clāmō*.
**classis**, -is (*f.*); multae sub ūnō duce nāvēs.
**claustrum**, -ī (*n.*); pessulus.
**clāva**, -ae (*f.*); fūstis.
**clāvus**, -ī (*m.*); parvum quoddam īnstrūmentum ferreum quō aliquid alicuī reī affīgere possumus.
**clipeus**, -ī (*m.*); scūtum rotundum.
**coepī**, -isse; incipiō.
**cōgitō**, -āre; putō; recordor.
**cōgnātiō**, -ōnis (*f.*); id quod inter cōgnātōs est.
**cōgnātus**, -a, -um; cōnsanguineus.
**cōgnōscō**, -ere, -nōvī, -nitum; inveniō, reperiō.
**cōgō**, -ere, coēgī, coāctum; pangō; compellō.
**colligō**, -ere, -lēgī, -lēctum; ē multīs locīs capiō atque in ūnum pōnō.

**collis**, -is (*m.*); locus cēterīs altior; quasi mōns parvus.
**collocō**, -āre; locō; *puellam nūptiīs collocāre* = eam spondēre.
**colō**, -ere, coluī, cultum; deōs colimus; veneror; agrōs fodiō.
**coluber**, -brī (*m.*); serpēns, anguis.
**combūrō**, -ere, -ussī, -ūstum; omnīnō ūrō.
**comitor**, -ārī; comes sum alicuī.
**commendō**, -āre; aliquid alicuī servandum dō.
**comminor**, -ārī; minor.
**committō**, -ere, -mīsī, -missum; *scelus committō* = scelus faciō.
**commoveō**, -ēre, -mōvī, -mōtum; afficiō.
**commūnis**, -e; id commūne est quō ūtī omnibus licet.
**commūtō**, -āre; mūtō, convertō.
**compellō**, -ere, -pulī, -pulsum; cōgō.
**compleō**, -ēre, -plēvī, -plētum; plēnum faciō.
**complūrēs**; nōnnūllī, multī.
**compos**, -potis; is compos est alicūius reī quī eam habet.
**comprehendō**, -ere, -prehendī, -prehēnsum; intellegō; capiō; capiō aliquem ut in vincula eum iaciam.
**comprobō**, -āre; omnīnō probō.
**computō**, -āre; numerō.
**cōnātus**, -ūs (*m.*); est nōmen, verbum est *cōnor*.
**concēdō**, -ere, -cēssī, -cēssum; sinō, permīttō, dō.

**concha**, -ae (*f.*).
**concidō**, -ere, -cidī; ad terram cadō.
**conciliō**, -āre; mihi parō.
**concilium**, -ī (*n.*); conventus.
**conclāmō**, -āre; eōdem tempore clāmō.
**concrēdō**, -ere, -didī, -ditum; trādō, commendō.
**concrepō**, -āre, -puī, -pitum; crepitum vel strepitum faciō.
**conditiō**, -ōnis (*f.*); ratiō, modus.
**condō**, -ere, -didī, -ditum; aliquid in aliquā rē pōnō ut servētur. *Urbem condō* = urbem aedificō, vel exstruō.
**condūcō**, -ere, -dūxī, -ductum; dūcō ad; contrārium quam *locō*; pecūniam alicuī solvō ut aliquā rē mihi ūtī liceat.
**cōnferō**, -ferre, -tulī, -lātum; *sē cōnferre* est *īre*.
**cōnfestim**; statim.
**cōnficiō**, -ere, -fēcī, -fectum; perficiō; afficiō.
**cōnfringō**, -ere, -frēgī, -frāctum; omnīnō frangō.
**cōnfundō**, -ere, -fūdī, -fūsum; perturbō.
**congregō**, -āre; convocō; colligō.
**coniector**, -ōris (*m.*); is quī quid somnium sīgnificet expōnit.
**cōniugium**, -ī (*n.*); mātrimōnium.
**cōniūnx**, -ugis (*m. f.*); aut uxor aut marītus.
**coniūro**, -āre; inter aliōs iūrō; cum aliīs aliquid suscipiō.
**cōnsanguineus**, -a, -um; eādem mātre nātus.
**cōnscendō**, -ere, -dī, -sum; ascendō.
**cōnscīscō**, -ere, -scīvī (-iī), -scītum; *mortem mihi cōnscīscō* = mē ipse interficiō.
**cōnscius**, -a, -um; *cōnscius mihi sum* = sciō mē aliquid fēcisse.

**cōnscrībō**, -ere, -scrīpsī, -scrīptum; scrībō.
**cōnsequor**, -ī, -secūtus sum; sequor; adipīscor.
**cōnsīdō**, -ere, -sēdī, -sessum; cum aliō sedeō.
**cōnsilium**, -ī (*n.*); modus vel ratiō aliquid agendī. Id quod facere cōnstituō. *Quō cōnsiliō* = *cūr*.
**cōnsistō**, -ere, -stitī, -stitum; stō.
**cōnspectus**, -ūs (*m.*); nōmen est; verbum est *cōnspiciō*. Omnia quae vidēre possum in cōnspectū meō sunt.
**cōnspiciō**, -ere, -spexī, -spectum; videō.
**cōnstituō**, -ere, -uī, -ūtum; pōnō; in animō habeō; ēdīcō; in locō aliquō pōnō.
**cōnstringō**, -ere, -strīnxī, strīctum; alligō, vinciō; contrahō.
**cōnstruō**, -ere, -struxī, -structum; exstruō.
**cōnsulō**, -ere, -uluī, -ultum; aliquem cōnsulō sī eum rogō quid sit faciendum.
**cōnsultō**, -āre; cōnsulō.
**cōnsūmō**, -ere, -sūmpsī, -sūmptum; combūrō; ita ūtor aliquā rē ut nihil restet; edō.
**contāgiō**, -ōnis (*f.*); nōmen est, verbum est *contingō*. Sī aegrōtās, nōlī mihi appropinquāre, nē ego quoque contāgiōne affectus in morbum incidam.
**contāminō**, -āre; sī rēs sacrās tangō eās contāminō, nam nēminī nisi sacerdōtī licet rēs sacrās tangere.
**contegō**, -ere, -tēxī, -tēctum; omnīnō tegō.
**contemnō**, -ere, -tempsī, -temptum; nihil cūrō, nihilī aestimō.
**contemplor**, -ārī; īnspiciō.
**contemptus**, -ūs (*m.*); nōmen ā verbō *contemnō* ductum. *Contemptuī aliquid habeō* = contemnō.
**contendō**, -ere, -dī, -tum; fēstīnō ad; resistō, contrā aliquem pūgnō.
**contentiō**, -ōnis (*f.*); nōmen est; verbum est *contendō*.
**conterō**, -ere, -trīvī, -trītum; in fragmenta tundō.
**contubernālis**, -is (*m. f.*); comes quī in eōdem tēcum tabernāculō dormit.
**contumēlia**, -ae (*f.*); iniūria quae verbīs fit.
**contineō**, -ēre, -tinuī, -tentum; quasi *intrā mē habeō*; liber litterās continet.
**contingō**, -ere, -tigī, -tāctum; tangō; *contingit* = *accidit*.
**cōntiō**, -ōnis (*f.*); conventus ubi ōrātiōnēs habēmus.
**contrahō**, -ere, -trāxī, -tractum; aliquid angustius faciō. *Lītem contrahō* = lītem agere incipiō.
**contrōversia**, -ae (*f.*); contentiō verbōrum.
**conveniō**, -īre, -vēnī, -ventum; eī conveniunt quī ūnum in locum veniunt.
**conventus**, -ūs (*m.*); nōmen est; verbum est *conveniō*.
**convertō**, -ere, -tī, -sum; in aliam fōrmam vertō.
**convīva**, -ae (*m. f.*); quī apud eandem mēnsam cēnant convīvae sunt.
**convīvium**, -ī (*n.*); conventus cēnandī causā.

**convocō**, -āre ; in ūnum locum vocō.

**coöperiō**, -īre, -peruī, -pertum ; contegō.

**cōpia**, -ae (*f.*) ; multum alicūius reī.

**coquō**, -ere, coxī, coctum ; cibum ad cēnam parō.

**coquus**, -ī (*m.*) ; is quī coquit.

**cor**, cordis (*n.*) ; pars corporis ad sinistrum latus sita sine quā vīvere nōn possumus.

**corium**, -ī (*n.*) ; pellis dūra quālem habet bōs. Māteria ex quā calceōs facimus.

**cornū**, -ūs (*n.*) ; aliquid dūrum quod ē capite bovis aliōrumque animālium crēscit.

**corōna**, -ae (*f.*) ; rēs quaedam ē flōribus textam quam capitī impōnimus.

**corrigia**, -ae (*f.*) ; lōrum soleae.

**corrumpō**, -ere, -rūpī, -ruptum; aliquem pecūniā corrumpō quam eō cōnsiliō eī dō, ut eī persuādeam ut aliquid faciat.

**cottīdiē** ; diem ex diē, per omnēs diēs.

**crāpula**, -ae (*f.*) ; is quī nimis vīnī bibit crāpulā affectus est.

**crās** ; diē post hunc diem.

**crassus**, -a, -um ; dēnsus.

**creō**, -āre ; faciō.

**crepida**, -ae (*f.*) ; solea.

**crepitus**, -ūs (*m.*) ; strepitus, sonitus.

**crepundia**, -ōrum (*n.*) ; rēs quae sī quatitur sonum facit. Infantēs crepundiīs māximē gaudent ; itaque cum vāgiunt crepundia quatimus.

**crepusculum**, -ī (*n.*) ; neque diēs neque nox.

**crēta**, -ae (*f.*) ; rēs quaedam alba quā in tabulā nigrā scrībimus.

**crētōsus**, -a, -um ; crētae similis.

**crībrum**, -ī (*n.*).

**crīmen**, -inis (*n.*) ; id dē quō accūsor.

**crīnis**, -is (*m.*) ; id quod in summō capite crēscit.

**cruciātus**, -ūs (*m.*) ; nōmen ā verbō *cruciō* ductum.

**cruciō**, -āre ; vexō, ita perturbō ut paene interficiam aliquem ; dolōre māgnō aliquem afficiō.

**crūdēlitās**, -ātis (*f.*) ; nōmen est, adiectīvum est *crūdēlis*.

**cruentus**, -a, -um ; sanguine vel cruōre perfūsus.

**cruor**, -ōris (*m.*) ; sanguis solidior.

**crūs**, crūris (*n.*).

**crūstulum**, -ī (*n.*) ; dulce cibī genus ; puerī crūstula edere amant.

**crux**, crucis (*f.*) ; rēs hūiusmodī †. Rōmānī cruce ut īnstrūmentō pūniendī ūtēbantur.

**cubiculāris**, -e ; ad cubiculum attinēns.

**cubiculum**, -ī (*n.*) ; cella ubi dormīmus.

**cubitum**, -ī (*n.*) ; quasi angulus bracchiī.

**cubō**, -āre, cubuī, cubitum ; in lectō iaceō ut dormiam.

**culīna**, -ae (*f.*) ; locus ubi coquus cibum coquit.

**culter**, -trī (*m.*) ; id quō aliquid secāmus.

**cumulō**, -āre ; compleō.

**cūnābula**, -ōrum (*n.*) ; cūnae.

**cūnae**, -ārum (*f.*) ; lectus īnfantis.

**cūnctor**, -ārī ; moror.
**cupiditās**, -ātis (*f.*) ; nōmen est, adiectīvum est *cupidus*.
**cupidus**, -a, -um ; adiectīvum ā verbō *cupiō* ductum. Is cupidus alicūius reī est quī eam habēre volt.
**cupiō**, -ere, -īvī (-iī), -ītum ; volō.
**Cūrētēs**, -um (*m.*) ; vātēs quīdam quī tympana dum saliunt quatere solent.
**cūriōsē** ; māgnā cūrā.
**cūrō**, -āre ; cūram alicūius reī adhibeō.
**currō**, -ere, cucurrī, cursum ; celeriter eō.
**currus**, -ūs (*m.*) ; curribus vehimur.
**cursus**, -ūs (*m.*) ; nōmen est, verbum est *currō*.
**cuspis**, -idis (*f.*) ; pīlum.
**cūstōdia**, -ae (*f.*) ; nōmen est ; verbum est *cūstōdiō* ; vigilia.
**cūstōdiō**, -īre, -īvī, -ītum ; cūstōs cūstōdit.
**cutis**, -is (*f.*) ; pellis hūmāna.
**Cyclōps**, -ōpis (*m.*) ; gigās quī ūnum modo habet oculum.

**damnō**, -āre ; condemnō ; iūdicēs scelerātōs damnant ; poenās ab eīs sūmunt.
**damnum**, -ī (*n.*) ; sī quid perdō damnum patior ; sī quid laeditur damnum accipit.
**Danaī**, -ōrum (*m.*) ; Graecī.
**dea**, -ae (*f.*) ; deus fēminīnus.
**dēbeō**, -ēre ; oportet mē.
**dēcantō**, -āre ; cantō.
**dēcernō**, -ere, -crēvī, -crētum ; iūdicō ; ēdīcō ; dēstinō.
**dēcidō**, -ere, -cidī ; dē aliquā rē cadō.
**dēcipiō**, -ere, -cēpī, -ceptum ; sī efficiō ut id quod falsum est vērum esse crēdās, tē dēcipiō.
**dēclīnō**, -āre ; ē rēctā viā dēvertor.
**dēcurrō**, -ere, -cucurrī (-currī), -cursum ; currēns dēveniō.
**dēdecus**, -oris (*n.*) ; id quod nōn decet ; foeda speciēs.
**dēdūcō**, -ere, -dūxī, -ductum ; ex aliquō locō in alium dūcō.
**dēfatīgō**, -āre ; fessum aliquem reddō.
**dēferō**, -ferre, -tulī, -lātum ; auferō ; nūntiō.
**dēfessus**, -a, -um ; omnīnō fessus. Fessus sum cum plūs ambulāre nōn possum.
**dēficiō**, -ere, -fēcī, -fectum ; nōn satis valeō.
**dēfleō**, -ēre, -flēvī, -flētum ; suprā aliquem fleō.
**dēfluō**, -ere, -fluxī, -fluxum ; dēlābor.
**dēfodiō**, -ere, -fōdī, -fossum ; fodiō ; in terrā fossā cēlō.
**dēfōrmis**, -e ; foedus ; nōn pulcher.
**dēfōrmitās**, -ātis (*f.*) ; mala fōrma ; nōmen est *dēfōrmitās*, adiectīvum est *dēfōrmis*.
**dēhinc** ; posteā, deinde.
**dehīscō**, -ere, -hīvī ; ōs dehīscit cum hiāmus.
**dēiciō**, -ere, -iēcī, -iectum ; ad terram iaciō.
**dēinceps** ; posteā.
**dēlābor**, -ī, -lāpsus sum ; dēcidō.
**dēlectō**, -āre ; gaudium alicuī praebeō ; *dēlector* = gaudeō.
**dēlīberō**, -āre ; quid faciendum sit quaerō.
**dēlicātus**, -a, -um ; dulcis ; id est dēlicātum quod nōs dēlectat.

**dēligō**, -āre ; alligō.
**dēligō**, -ere, -lēgī, -lēctum ; ēligō ; creō.

**dēlitēscō**, -ere, -lituī; lateō.
**delphīnus**, -ī (*m.*).
**dēmergō**, -ere, -mersī, -mersum ; immergō, immittō.
**dēmōnstrō**, -āre ; mōnstrō.
**dēmum** ; post longum tempus.
**dēnārius**, -ī (*m.*) ; nummus quīdam.
**dēnegō**, -āre ; negō ; recūsō.
**dēnique** ūnum ex adverbiīs est, quōrum est seriēs *prīmō, deinde, dēnique, postrēmō.*
**dēnsus**, -a, -um ; sī multae rēs in parvum spatium collēctae sunt dēnsae sunt. Contrārium est *rārus.*
**dēpellō**, -ere, -pulī, -pulsum ; efficiō ut aliquis abeat ; abigō.
**dēplōrō**, -āre ; lāmentor, dēfleō.
**dēpōnō**, -ere, -posuī, -positum ; pōnō, omittō, abiciō.
**dēprāvō**, -āre ; dēfōrmem aliquem reddō.
**dēprecor**, -ārī ; nē quid accidat precor.
**dēprehendō**, -ere, -dī, -sum ; rapiō ; capiō ; comprehendō.
**dēprōmō**, -ere, -prompsī, -promptum ; extrahō.
**dēpūgnō**, -āre ; vehementer pūgnō.
**dērīdeō**, -ēre, -sī, -sum ; irrīdeō.
**dēscrībō**, -ere, -scrīpsī, -scrīptum ; aut verbīs aut scrīptūrā expōnō.
**dēserō**, -ere, -seruī, -sertum ; relinquō.
**dēsīderium**, -iī (*n.*) ; nōmen ā verbō *dēsīderō* ductum.
**dēsīderō**, -āre ; cupiō.
**dēsinō**, -ere, dēsiī ; dēsistō.
**dēspondeō**, -ēre, -spondī, -spōnsum ; spondeō.
**dēstinō**, -āre ; cōnstituō ; dēcernō.
**dēstituō**, -ere, -uī, -ūtum ; dēserō.
**dēsum**, -esse, -fuī ; nōn adsum.
**deus**, -ī (*m.*) ; Iūppiter, Apollō, et cēterī sunt deī.
**dēveniō**, -īre, -vēnī, -ventum ; dē marī ad terram veniō ; adveniō.
**dēversōrium**, -ī (*n.*) ; quō ē viā dēvertimus ut noctem agāmus cum domum pervenīre nōn possumus. Nōnnūllī ē viā dēvertunt ut bibant.
**dēvertō**, -ere, -tī, -sum ; in aliam partem vertō ; mē ē rēctā viā in aliam partem vertō.
**dēvocō**, -āre ; vocō ad mē ; arcessō.
**dēvolvō**, -ere, -volvī, -volūtum ; volvō dē.
**dēvorō**, -āre ; celeriter edō.
**dexter**, -tra, -trum ; duās habeō manūs quārum altera est dextra, altera sinistra. Plērīque dextrā saepius ūtuntur. Ut beātī sunt illī quī utrāque manū aequē possint ūtī !
**Diāna**, -ae (*f.*) ; dea vēnātiōnis.
**dictitō**, -āre ; saepenumerō dīcō.
**dictō** audiēns sum = pāreō.
**differō**, -ferre, distulī, dīlātum ; aliquid in tempus futūrum dēpōnō ; efficiō ut aliquis diūtius exspectet.

**difficilis**, -e ; contrārium quam *facilis*.
**difficultās**, -ātis ; nōmen est, adiectīvum est *difficilis*.
**diffugiō**, -ere, -fūgī ; hūc illūc fugiō.
**diffūsus**, -a, -um ; ōrātiō diffūsa est ōrātiō longa multaquidem verba, sēnsūs tamen parum continēns.
**digitus**, -ī (*m.*) ; pars manūs vel pedis ; vīgintī igitur digitōs habeō, decem in manibus, in pedibus decem.
**dīgnitās**, -ātis (*f.*) ; nōmen est, adiectīvum est *dīgnus*.
**dīgredior**, -ī, -grēssus sum ; discēdō, abeō.
**dīligēns**, -entis ; adiectīvum est, adverbium est *dīligenter*.
**dīligentia**, -ae (*f.*) ; nōmen est, adiectīvum est *dīligēns*.
**dīligō**, -ere, -lēxī, -lēctum ; amō.
**dīlūcēscō**, -ere, -lūxī ; lūx fierī incipit.
**dīlūculum**, -ī (*n.*) ; prīma lūx diēī.
**dīluvium**, -ī (*n.*) ; māgna aquārum cōpia quae in omnēs partēs sē extendit.
**dīmicō**, -āre ; pūgnō.
**dīmidius**, -a, -um ; per medium dīvīsus.
**dīmittō**, -ere, -mīsī, -mīssum ; aliquem abīre sinō vel iubeō.
**dīmoveō**, -ēre, -mōvī, -mōtum ; aut ad dextram aut ad sinistram moveō.
**dīrigō**, -ere, -rēxī, -rēctum ; currum dīrigimus ut rēctā viā prōcēdat.
**dīrumpō**, -ere, -rūpī, -ruptum ; in duās partēs frangō.
**dīrus**, -a, -um ; horribilis ; saevus.
**discēdō**, -ere, -cēssī, -cēssum ; abeō.
**disceptō**, -āre ; verbīs contendō.
**discēssus**, -ūs (*m.*) ; nōmen ā verbō *discēdō* ductum.
**discipulus**, -ī (*m.*) ; is quī discit.
**discordia**, -ae (*f.*) ; contentiō.
**dispergō**, -ere, -sī, -sum ; hūc illūc spargō.
**dissuādeō**, -ēre, -sī, -sum ; alicuī suādeō nē quid agat.
**distendō**, -ere, -dī, -tum ; ita aliquid compleō ut tumeat.
**distrahō**, -ere, -trāxī, -tractum ; in contrāriās partēs trahō.
**distribuō**, -ere, -uī, -ūtum ; contrārium quam *colligō*.
**dīvidō**, -ere, -vīsī, -vīsum ; in partēs secō.
**dīvīnus**, -a, -um ; ad deōs attinēns.
**dīvitiae**, -ārum (*f.*) ; nōmen est, adiectīvum est *dīves*.
**documentum**, -ī (*n.*) ; id quod aliquid vērum esse dēmōnstrat.
**dōlium**, -iī (*n.*) ; māgnum vās.
**dolor**, -ōris (*m.*) ; contrārium quam *gaudium*.
**dolus**, -ī (*m.*) ; id quō aliquem dēcipimus.
**domina**, -ae (*f.*) ; uxor dominī.
**dōnō**, -āre ; dō.
**dormiō**, -īre ; somnum capiō.
**dracō**, -ōnis (*m.*) ; serpēns ingēns.
**dubitō**, -āre ; nōn prō certō habeō.
**dubium**, -ī (*n.*) ; nōmen est ; adiectīvum est *dubius*.
**dubius**, -a, -um ; contrārium quam *certus*.
**dumtaxat** ; sōlum ; modo.
**dūrēscō**, -ere, -ruī ; dūrus fīō.

**dūritia**, -ae (*f.*); nōmen est, adiectīvum est *dūrus*.
**dūrus**, -a, -um; contrārium quam *mollis*.

**ēbrius**, -a, -um; is quī nimis vīnī bibit ēbrius fit.
**ebur**, -oris (*n.*); māteria quam dentēs elephantōrum nōbīs praebent.
**ecce**; vidē; spectā. Exclāmātiō est.
**ēdīcō**, -ere, -dīxī, -dictum; pūblicē affīrmō.
**ēdictum**, -ī (*n.*); nōmen ā verbō *ēdīcō* ductum.
**ēdō**, -ere, -didī, -ditum; quasi dō ex.
**ēdūcō**, -ere, -dūxī, -ductum; contrārium quam *indūcō*.
**efferō**, -ferre, extulī, ēlātum; ex aliquō locō portō; excipiō. *Ēlātus* = laetus.
**effigiēs**, -ēī (*f.*); imāgō, figūra, fōrma.
**effluō**, -ere, -fluxī; fluō ex.
**effodiō**, -ere, -fōdī, -fossum; ex aliquō locō fodiō.
**effringō**, -ere, -frēgī, -frāctum; aliquid frangendō aperiō.
**effugiō**, -ere, -fūgī; fugiō ex aliquō locō.
**effundō**, -ere, -fūdī, -fūsum; fundō ex.
**egēns**, -entis; pauper, sine pecūniā.
**ēgredior**, -ī, -grēssus sum; exeō.
**ēgregius**, -a, -um; optimus.
**ēiciō**, -ere, -iēcī, -iectum; ex aliquā rē iaciō.
**elephantus**, -ī (*m.*); animal māgnum quod dentēs ut cornua habet.
**ēlīdō**, -ere, -sī, -sum; aliquid contrā aliam rem frangō.
**ēligō**, -ere, -lēgī, -lēctum; ē multīs id quod mihi placet capiō.
**ēloquor**, -ī, ēlocūtus sum; profor.
**ēlūdō**, -ere, -lūsī, -lūsum; effugiō, vītō.
**ēmendō**, -āre; aliquid male factum melius reddō.
**ēmentior**, -īrī; simulō; mentior.
**ēmergō**, -ere, -sī, -sum; orior.
**ēmineō**, -ēre, -uī; id ēminet quod extrā reliquam partem sē extendit; illūstris sum.
**emptor**, -ōris (*m.*); is quī emit.
**Ēn.** Exclāmātiō est.
**ēnormis**, -e; māior quam solet.
**ēnsis**, -is (*m.*); gladius.
**epistula**, -ae (*f.*); aliquid scrīptī quod aliī mittimus.
**epula**, -ae (*f.*); cēna splendida.
**ērigō**, -ere, -rēxī, -rēctum; tollō.
**errō**, -āre; vagor; nōn rēctē putō vel faciō.
**error**, -ōris (*m.*); nōmen ā verbō *errō* ductum.
**ēruō**, -ere, -ruī, -rutum; ēiciō; effodiō.
**ēvādō**, -ere, -vāsī, -vāsum; abeō; effugiō.
**ēvānēscō**, -ere, -vānuī; contrārium quam *appāreō*.
**ēveniō**, -īre, -vēnī, -ventum; veniō ex; accidō.
**ēvertō**, -ere, -tī, -sum; aliquid ita prōsternō ut quasi in caput cadat.
**ēvocō**, -āre; aliquem ex aliquō locō vocō.
**ēvolō**, -āre; ex aliquō locō volō.
**ēvolvō**, -ere, -volvī, -volūtum; ex aliquā rē volvō.

**exagitō**, -āre; vehementer perturbō.
**exanimātus**, -a, -um; mortuus; inanimus.
**exārēscō**, -ere, -ruī; omnīnō āridus vel siccus fīō; valdē ārdeō.
**exaudiō**, -īre; audiō; ē longinquō audiō.
**excelsus**, -a, -um; altus.
**excipiō**, -ere, -cēpī, -ceptum; ex aliquā rē capiō; alicuī reī obstō quōminus cadat; *hospitiō aliquem excipere* est *ut hospitem cum accipere.*
**excitō**, -āre; efficiō ut aliquis expergīscātur.
**exclāmō**, -āre; subitō clāmō, loquor māgnā vōce.
**exclūdō**, -ere, -clūsī, -clūsum; contrārium quam *admīttō.*
**excōgitō**, -āre; cōgitandō aliquid reperiō.
**excruciō**, -āre; cruciō; māgnō dolōre afficiō.
**excutiō**, -ere, -cussī, -cussum; quatiō ex aliquā rē.
**exeō**, -īre, -īvī (-iī), -itum; eō ex.
**exerceō**, -ēre; faciō, agō; corpus exercēmus bracchia aliaque membra movendō quō meliōrēs fīāmus valētūdine.
**exercitātiō**, -ōnis (*f.*); nōmen est; verbum est *exerceō.*
**exercitus**, -ūs (*m.*); multī sub ūnō duce mīlitēs.
**exhauriō**, -īre, -hausī, -haustum; exhauriō aquam cum omnem bibō.
**exigō**, -ere, -ēgī, -āctum; agō ex; *aliquid ab aliquō exigō* = cōgō eum aliquid mihi dare. *Vītam exigō* = vīvō.
**exiguus**, -a, -um; parvus.
**exīlis**, -e; tenuis, macer.
**exitium**, -ī (*n.*); mors; caedēs.
**expediō**, -īre; solvō.
**expellō**, -ere, -pulī, -pulsum; depellō.
**expergīscor**, -ī, experrēctus sum; ex somnō excitor; ē lectulō surgō.
**experīmentum**, -ī (*n.*); nōmen ā verbō *experior* ductum.
**experior**, -īrī, expertus sum; quid vel quāle aliquid sit invenīre cōnor.
**expiō**, -āre; *mē expiō* sīgnificat *ā scelere quasi mē purgō.* Rōmānī putābant scelera sacrificiō factō posse expiārī.
**expleō**, -ēre, -plēvī, -plētum; omnīnō compleō.
**explicō**, -āre, -āvī (-uī), -ātum (-itum); expediō, expōnō, perficiō.
**explōrātor**, -ōris (*m.*); mīles quī ante aliōs proficīscitur ut aliquid inveniat.
**expōnō**, -ere, -posuī, -positum; ita aliquid pōnō ut aliī facile possint vidēre; clārum faciō; nārrō.
**expūgnō**, -āre; pūgnandō, vel urbem obsidendō, capiō.
**exquīsītus**, -a, -um; optimus, eximius. *Supplicium exquīsītum* est extrēmum supplicium.
**exsistō**, -ere, -stitī, -stitum; appāreō; sum.
**exspectō**, -āre; exspectō dōnec aliquis redeat; maneō.
**exspuō**, -ere, -uī, -ūtum; ex ōre aliquid spuō.
**exstinguō**, -ere, -stīnxī, -stīnctum; exstinguimus īgnem aquā.
**exstō**, -āre; ēmineō; quasi extrā aliquam rem stō.

**exstruō**, -ere, -struxī, -structum ; aedificō.
**exsul**, -ulis (*m.*) ; is quī ē patriā suā eiēctus est.
**exsurgō**, -ere, -surrēxī ; surgō ex.
**extendō**, -ere, -tendī, -tentum ; aliquid ad aliam rem tendō ; longius aliquid reddō.
**externus**, -a, -um ; id est externum quod extrā aliquid est.
**extimēscō**, -ere, -timuī ; valdē timeō.
**extollō**, -ere ; in altum tollō.
**extrahō**, -ere, -trāxī, -tractum ; ex aliquā rē trahō.
**extrēmus**, -a, -um ; summus, ultimus.
**exuō**, -ere, -uī, -ūtum ; contrārium quam *induō*.
**exūrō**, -ere, -ussī, -ūstum ; omnīnō combūrō. Aliquid ūrendō quasi effodiō.

**fabricor**, -ārī ; fingō.
**faciēs**, -ēī (*f.*) ; ōs ; fōrma.
**facinus**, -inoris (*n.*) ; scelus.
**faenum**, -ī (*n.*) ; cibus equī.
**fallō**, -ere, fefellī, falsum ; dēcipiō.
**falsus**, -a, -um ; contrārium quam *vērus*.
**fāma**, -ae (*f.*) ; id quod dē aliquō dīcitur ; quod dē mē ipsō audiō.
**famēs**, -is (*f.*) ; famēs est mihi sī edere volō.
**famulus**, -ī (*m.*) ; servus.
**fānum**, -ī (*n.*) ; templum.
**far**, farris (*n.*) ; genus frūmentī.
**fascis**, -is (*m.*) ; multa līgna restī inter sē vīncta quae līctōrēs ante summum magistrātum portābant.
**fatīgō**, -āre ; fessum aliquem reddō. *Precibus fatīgō* = flāgitō.
**fātum**, -ī (*n.*) ; nūmen quod omnia nōbīs dēstinat.
**faveō**, -ēre, fāvī, fautum ; eī faveō cui plūs quam aequum est dō.
**favor**, -ōris (*m.*) ; nōmen est ; verbum est *faveō*.
**favus**, -ī (*m.*) ; rēs in quā apēs mel cūstōdiunt.
**fax**, facis (*f.*) ; quasi baculum quod ūrimus et nōbīscum portāmus quō noctem illūminēmus.
**fēlēs**, -is (*f.*) ; animal domesticum quod canis ōdit.
**fēlīcitās**, -ātis (*f.*) ; nōmen est, adiectīvum est *fēlīx*.
**fēlīciter** ; adverbium ab adiectīvō *fēlīx* ductum.
**fēlīx**, -īcis ; nōn miser.
**fēmina**, -ae (*f.*) ; pater est vir, māter fēmina.
**fēmineus**, -a, -um ; ad fēminam attinēns.
**femur**, -oris (*n.*) ; pars crūris superior.
**fenestra**, -ae (*f.*) ; in mūrīs sunt fenestrae per quās lūx intrat.
**fera**, -ae (*f.*) ; bēstia.
**fēriae**, -ārum (*f.*) ; diēs quibus nūllum negōtium agimus.
**ferīnus**, -a, -um ; ad ferās attinēns.
**feriō**, -īre ; pulsō, percutiō.
**ferō**, ferre, tulī, lātum ; portō ; nārrō.
**ferōx**, -ōcis ; saevus.
**ferreus**, -a, -um ; adiectīvum ā nōmine *ferrum* ductum.
**ferrum**, -ī (*n.*) ; metallum quoddam dūrum ē quō arma facimus ; gladius.
**ferula**, -ae (*f.*) ; calamus ; id

quō magister lūdī puerōs pūnītur.
**ferus**, -a, -um ; contrārium quam *mānsuētus*.
**ferveō**, -ēre, ferbuī ; aqua calidissima fervet.
**fēstīnātiō**, -ōnis (*f.*) ; nōmen est, verbum est *fēstīnō*.
**fēstīnō**, -āre ; celeriter rem agō.
**fēstus**, -a, -um ; ad fēriās attinēns.
**fidēlis**, -e ; fidē dīgnus.
**fidēlitās**, -ātis (*f.*) ; nōmen est, adiectīvum est *fidēlis*.
**fidēs**, -eī (*f.*) ; prōmīssum ; *fidem tibi habeō* = tibi crēdō. *fidem dō* = prōmittō.
**fīlia**, -ae (*f.*) ; vidē *fīlius*.
**fīlius**, -ī (*m.*) ; puer est patris fīlius, puella fīlia.
**fimus**, -ī (*m.*) ; id quod ex equīs ceterīsque animālibus in viā cadit.
**fīnēs**, -um (*m.*) ; regiō.
**fingō**, -ere, fīnxī, fīctum ; faciō.
**fīniō**, -īre ; contrārium quam *incipiō*.
**fīnitimī**, -ōrum (*m.*) ; vīcīnī.
**flagellō**, -āre ; pulsō.
**flāgitō**, -āre ; vehementer poscō.
**flamma**, -ae (*f.*) ; īgnis flammās gīgnit.
**flēbilis**, -e ; is quī flēre solet.
**flētus**, -ūs (*m.*) ; nōmen est, verbum est *fleō*.
**flō**, -āre ; ventus flat.
**flōreō**, -ēre, flōruī ; bene crēscō ; flōrēs flōrent.
**flōridus**, -a, -um ; ad flōrēs attinēns ; *ōrātiō flōrida* est paene idem quod ōrātiō diffūsa.
**flōs**, flōris (*m.*) ; flōrēs atque arborēs in hortō crēscunt.
**flūctuō**, -āre ; hūc illūc flūctibus agitātus moveor.
**flūctus**, -ūs (*m.*) ; unda.
**fluō**, -ere, fluxī, fluxum ; fluvius vel flūmen fluit.
**fluvius**, -ī (*m.*) ; flūmen.
**foculus**, -ī (*m.*) ; focus parvus ; quasi aēnum in quō īgnis solet fierī.
**focus**, -ī (*m.*) ; locus ubi īgnis fierī solet.
**fodiō**, -ere, fōdī, fossum ; forāmen in terrā faciō.
**foedus**, -a, -um ; contrārium quam *pulcher*.
**follis**, -is (*m.*) ; ūter īnflātus.
**fōns**, fontis (*m.*) ; quasi fluviī orīgō, ubi aqua ē terrā prōcēdit.
**forāmen**, -inis (*n.*) ; sī gladium aliudve acūtum īnstrūmentum per aliquid immīttō forāmen facit.
**forās** ; per forēs ; extrā domum.
**forēs**, -um (*f.*) ; iānua quae duās habet partēs ; aliter *valvae*.
**fōrma**, -ae (*f.*) ; figūra.
**formīca**, -ae (*f.*).
**fōrmōsus**, -a, -um ; pulcher.
**fortis**, -e ; validus.
**fortiter** ; adverbium ab adiectīvō *fortis* ductum.
**fortitūdō**, -inis (*f.*) ; virtūs ; *fortitūdō* est nōmen, adiectīvum *fortis*.
**fortūna**, -ae (*f.*) ; sī rēs bene accidit est bona fortūna, si male, est mala fortūna.
**forum**, -ī (*n.*) ; locus apertus in mediā urbe situs circum quem stant tabernae.
**fossa**, -ae (*f.*) ; forāmen in terrā dēfossum.

**fovea**, -ae (*f.*); fossa.
**fragmentum**, -ī (*n.*); pars parva.
**fraudō**, -āre; dēcipiō; prīvō.
**fraus**, fraudis (*f.*); dolus; modus aliquem dēcipiendī.
**frequentia**, -ae (*f.*); multitūdō hominum; nōmen est *frequentia*, verbum *frequentō*.
**frequentō**, -āre; identidem eō atque redeō; cum multīs aliīs eō.
**frīgidus**, -a, -um; contrārium quam *calidus*.
**frīgus**, -oris (*n.*); nōmen est, adiectīvum est *frīgidus*.
**frōns**, frontis (*f.*); contrārium quam *tergum*; pars faciēī suprā oculōs.
**frūctus**, -ūs (*m.*); frūx.
**frūgī**; abstinēns.
**frūmentum**, -ī (*n.*); id ē quō pānem facimus.
**frūstrā**; id frūstrā facere cōnor quod facere nōn possum.
**fugō**, -āre; in fugam vertō; efficiō ut aliquis fugiat.
**fulcrum**, -ī (*n.*); pēs lectī.
**fulgeō**, -ēre, fulsī; lūcem dō.
**fulgur**, -uris (*n.*); lūx quae, tempestāte ortā, subitō dē caelō dēscendit.
**fulmen**, -inis (*n.*); aliquid grave quod fulgure comitante ē caelō cadit.
**fundō**, -ere, fūdī, fūsum; id quod bibimus in pōcula fundimus; ēdō.
**fūnis**, -is (*m.*).
**fūnus**, -eris (*n.*); pompa quae sī quis sepelītur fit.
**fūr**, fūris (*m.*); is quī quod nōn suum est capit.
**fūrāx**, -ācis; is quī fūrārī solet fūrāx est.
**furia**, -ae (*f.*); nūmen quod nōs ob scelus commissum persequitur.
**furō**, -ere, -uī; saeviō; īnsānum mē praestō.
**fūror**, -ārī; fūr fūrātur.
**furor**, -ōris (*m.*); nōmen ā verbō *furō* ductum.
**fūrtim**; ut fūr.
**fūrtum**, -ī (*n.*); id quod fūr committit.
**fūscus**, -a, -um; niger.
**fūstis**, -is (*m.*); baculum quō aliquem percutimus.

**galea**, -ae (*f.*); vidē pāginam centēsimam trīgēsimam secundam.
**gallīna**, -ae (*f.*); gallus fēminīnus.
**gallus**, -ī (*m.*).
**genae**, -ārum (*f.*); partēs ōris inter quās est nāsus.
**gener**, -erī (*m.*); fīliae marītus.
**generō**, -āre; pariō.
**generōsus**, -a, -um; nōbilis; līberālis.
**genū**, -ūs (*n.*); quasi angulus crūris.
**gerō**, -ere, gessī, gestum; ferō; *sē gerere* significat *esse*, *sē praestāre*.
**gigās**, -antis (*m.*); homō ingentī statūrā.
**gignō**, -ere, genuī, genitum; ēdō; gallīna pullōs gignit.
**gladiātor**, -ōris (*m.*); is quī contrā aliquem in arēnā pūgnat ut spectāculum adhibeat.
**gladiātōrius**, -a, -um; ad gladiātōrēs attinēns.

**gladius**, -ī (*m.*); vidē pāginam centēsimam trīgēsimam secundam.
**glōriābundus**, -a, -um; is est glōriābundus quī glōriārī solet.
**glōrior**, -ārī; māgnum loquor, superbō modō loquor. Piscātōrēs saepenumerō sē māgnum piscem cēpisse glōriantur.
**Gorgō**, -onis (*f.*); fēmina terribilis cuī serpentēs prō crīnibus erant. Omnēs quōs spectābat in lapidēs convertēbat.
**grabātulus**, -ī (*m.*); lectus parvus quālī mīlitēs in tabernāculīs ūtuntur.
**gradus**, -ūs (*m.*); mōtus pedis dum ambulāmus.
**grandis**, -e; māgnus.
**grātia**, -ae (*f.*); favor; amīcitia. *In grātiam cum aliquo redeō*=iterum amīcus eī fīō. *Grātiā*=*causā.*
**grātulor**, -ārī (*dat.*); *grātulor mihi* sīgnificat beātum mē esse putō.
**gula**, -ae (*f.*); avāritia.
**gustō**, -āre; aliquantulum alicūius reī edō.

**habitus**, -ūs (*m.*); speciēs vestium quās gerimus; vestis. 
**halcēdō**, -inis (*f.*).
**haruspex**, -icis (*m.*); vātēs quī quid futūrum sit vīscera animālium īnspiciendō praedīcit.
**hasta**, -ae (*f.*); pīlum.
**haud**; nōn.
**hauriō**, -īre, hausī, haustum; aquam ex aliquō locō dūcō; *pōculum hauriō* sī omne quod inest bibō.
**haustus**, -ūs (*m.*); nōmen est, verbum est *hauriō.*
**hecatombē**, -ēs (*f.*); sacrificium in quō centum bovēs immolāmus.
**hedera**, -ae (*f.*). 
**herbula**, -ae (*f.*); herba parva.
**heus**; exclāmātiō alicūius vocantis.
**hībernus**, -a, -um; ad hiemem attinēns.
**hiemps**, -emis (*f.*); pars annī; ōrdō est *vēr, aestās, auctumnus, hiemps.*
**hinc**; ex hōc locō. *Hinc inde* =ex omnibus partibus.
**hiō**, -āre; ōs aperiō. Sī hiās manum ante ōs pōne.
**histriō**, -ōnis (*m.*); is quī partem in cōmoediā aut in tragoediā in theātrō agit.
**hodiē**; hōc diē.
**honestē**; ut hominem honestum decet.
**honestus**, -a, -um; homō honestus nēminem dēcipit.
**honōrātus**, -a, -um; summī honōris.
**honōs**, -ōris (*m.*); bona fāma; venerātiō.
**horreum**, -ī (*n.*); locus ubi frūmentum cūstōdīmus.
**horribilis**, -e; contrārium quam *iūcundus.*
**hortulus**, -ī (*m.*); hortus parvus.
**hortus**, -ī (*m.*); quasi ager parvus iuxtā domum. In hortō flōrēs atque arborēs crēscunt.

**hospes**, -itis (*m.*); aut is quī nōs domī apud sē excipit, aut is quem alter ita excipit.
**hospitālis**, -e; adiectīvum est, nōmen est *hospes.*
**hospitāliter**; benīgnī hospitis ritū.
**hospitium**, -ī (*n.*); id quod hospes nōbīs praebet.
**hostia**, -ae (*f.*); animal quod immolāmus.
**hostis**, -is (*m.*); is quī contrā patriam nostram pūgnat.
**hūiusmodī**; scīlicet *hūius modī*, tālis.
**hūmānitās**, -ātis (*f.*); nōmen est; adiectīvum est *hūmānus.*
**hūmānus**, -a, -um, est adiectīvum; nōmen est *homō.* Benīgnus, nōn crūdēlis.
**humus**, -ī (*f.*); terra; *humī* = in terrā.

**(icō)**, -ere, īcī, ictum; feriō.
**identidem**; iterum atque iterum; saepenumerō.
**ideō**; ob eam causam.
**idōneus**, -a, -um; aptus, proprius; id alicuī idōneum est quod eī est ūtile. Stilus est scrībendō idōneus, ferula percutiendō.
**īgnārus**, -a, -um; is est īgnārus quī īgnōrat.
**īgnōrō**, -āre; nōn sciō.
**īgnōtus**, -a, -um; contrārium quam *nōtus.*
**Īlium**, -ī (*n.*); Trōia.
**illībātus**, -a, -um; nōn volnerātus.
**illīc**; ad illum locum.
**illīdō**, -ere, -līsī, -līsum; aliquid contrā aliam rem iaciō āc frangō.
**illūminō**, -āre; lūmen alicuī reī praestō.
**illūstris**, -e; praeclārus, nōbilis.
**illūstrō**, -āre; illūstre aliquid reddō.
**imāgō**, -inis (*f.*); figūra hominis vel deī quam fingimus.
**imber**, -bris (*m.*); aqua quae dē caelō cadit.
**imitor**, -ārī; aliquid alicuī simile facere cōnor.
**immānis**, -e; ingēns; horribilis.
**immergō**, -ere, -sī, -sum; immīttō.
**immeritō**; contrārium quam *meritō*; sine causā.
**immineō**, -ēre; adesse videor; quasi suprā caput alicūius pendeō.
**immīttō**, -ere, -mīsī, -mīssum; iaciō in, impōnō.
**immoderātē**; sine modō, nimis.
**immolō**, -āre; sacrificō.
**immortālis**, -e; is est immortālis quī numquam moritur. Deī sunt immortālēs.
**impellō**, -ere, -pulī, -pulsum; cōgō, persuādeō, compellō.
**impendō**, -ere, -dī, -sum; ēdō; intendō; ūtor, cōnsūmō.
**imperō**, -āre; iubeō.
**impertiō**, -īre; partem alicuī dō.
**impetrō**, -āre; aliquid impetrō sī id quod habēre volēbam mihi accidit; potior; adipīscor.
**impetus**, -ūs (*m.*); vīs alicūius currentis; impulsus.
**impleō**, -ēre, -ēvī, -ētum; plēnum faciō.
**implōrō**, -āre; ōrō.
**imprecor**, -ārī; precor; aliquid malī precor.
**improbus**, -a, -um; nōn probus.

**imprōvīsus**, -a, -um ; nōn prōvīsus ; ex imprōvīsō = subitō.
**impudēns**, -entis ; is est impudēns quem nihilī pudet.
**impulsus**, -ūs (*m.*) ; vīs quā intrat aliquis ; aliter *impetus*.
**impūne** ; sine poenā.
**inanimus**, -a, -um ; is est inanimus quī nihil potest sentīre ; paene mortuus.
**inaudītus**, -a, -um ; id est inaudītum quod anteā nōn audīvimus.
**incantō**, -āre ; carmen magicum canō.
**incassum** ; frūstrā.
**incendō**, -ere, -dī, -sum ; ūrō ; līgna incendimus ut īgnis fīat ; efficiō ut aliquid ārdeat ; efficiō ut aliquis īrāscātur. *Incēnsus* = *ārdēns*.
**incidō**, -ere, -cidī, -cāsum ; cadō in.
**incitō**, -āre ; celerius īre faciō, vel cōgō.
**inclūdō**, -ere, -clūsī, -clūsum ; in aliquō locō claudō.
**incola**, -ae (*m.*) ; is quī regiōnem quamdam incolit.
**incolō**, -ere, -coluī ; habitō.
**incolumis**, -e ; salvus, integer, tūtus.
**incrēdibilis**, -e ; id incrēdibile est cuī fidem habēre nōn possumus.
**increpō**, -āre, -uī, -itum ; crepitum faciō ; reprehendō.
**incumbō**, -ere, -cubuī, -cubitum (*dat.*) ; vīrēs intendō ; operam dō.
**incūnābula**, -ōrum (*n.*) ; vestēs quālēs īnfāns in cūnīs habet.
**incurvus**, -a, -um ; nōn rēctus.
**inde** ; ex illō locō ; deinde.
**indemnātus**, -a, -um ; nōn damnātus.
**indicō**, -āre ; significō ; dēmōnstrō.
**indīgnor**, -ārī ; īrāscor.
**indō**, -ere, -didī, -ditum ; dō, addō.
**indūcō**, -ere, -dūxī, -ductum ; dūcō in.
**industria**, -ae (*f.*) ; dīligentia.
**ineō**, -īre, -īvī (-iī), -itum ; eō in ; incipiō ; *cōnsilium ineō* est cōnsilium capiō.
**inermis**, -e ; sine armīs.
**inexōrābilis**, -e ; is est inexōrābilis cūius īram dēprecārī nōn possumus.
**īnfandus**, -a, -um ; id est īnfandum dē quō loquī nōn possumus.
**īnfāns**, -antis (*m.f.*) ; puer parvus vel puella parva. Īnfāns loquī nōn potest.
**īnfēnsus**, -a, -um ; inimīcus ; īrācundus ; īnfestus.
**īnferī**, -ōrum ; quī mundum īnferiōrem habitant.
**īnfernus**, -a, -um ; ad īnferōs attinēns.
**īnferō**, -ferre, -tulī, illātum ; ferō in ; contrā aliquem adhibeō.
**īnfēstō**, -āre ; īnfēstum reddō.
**īnfēstus**, -a, -um ; nōn tūtus ; īnfēstus est locus ubi multī sunt latrōnēs.
**īnfīrmus**, -a, -um ; nōn validus.
**īnflātus**, -ūs (*m.*) ; nōmen ā verbō *īnflō* ductum.
**īnflō**, -āre ; in aliquam rem flō ; *īnflātus* est *ventō plēnus*.
**īnfula**, -ae (*f.*) ; corōna quālem vātēs capitī circumdare solet.
**īnfundō**, -ere, -fūdī, -fūsum ; fundō in.
**ingenium**, -ī (*n.*) ; mēns ; sagācitās.
**ingēns**, -entis ; māgnus.

**ingredior**, -ī, -grĕssus sum; intrō.
**inhālō**, -āre; paene idem quod *īnflō*; animam ex ōre mīttō.
**inhiō**, -āre; suprā aliquid hiāns pendeō.
**inhospitālis**, -e; nōn hospitālis.
**iniciō**, -ere, -iēcī, -iectum; aliquid in aliquem iaciō.
**inimīcus**, -ī (*m.*); contrārium quam *amīcus.*
**initium**, -iī (*n.*); contrārium quam *fīnis.*
**iniūria**, -ae (*f.*); id quod patior sī quis mē laedit.
**innatō**, -āre; in aliquō locō natō.
**innocēns**, -entis; nōn nocēns.
**inopīnātus**, -a, -um; id est inopīnātum quod ex imprōvīsō fit, vel quod nōn prōvidēmus.
**inquam**; dīcēbam.
**inquit**; dīcit vel dīxit.
**īnsalūbris**, -e; nōn salūbris, nōn sānus.
**īnsānia**, -ae (*f.*); nōmen est, adiectīvum est *īnsānus.*
**īnsānus**, -a, -um; nōn sānus.
**īnscius**, -a, -um; īgnārus.
**īnsequor**, -ī, -secūtus sum; sequor.
**īnserō**, -ere, -seruī, -sertum; immīttō; impōnō.
**īnsidiae**, -ārum (*f.*); locus ubī mīlitēs latent ut hostēs dēcipiant; dolus.
**īnsīgnis**, -e; splendidus; is est īnsīgnis quī ē cēterīs quasi exstat; nōn facere possumus quīn eum videāmus.
**īnsolēns**, -entis; superbus; impudēns.
**īnsolenter**; adverbium ab adiectīvō *īnsolēns* ductum.
**īnspiciō**, -ere, -spexī, -spectum; cūriōsē spectō.
**īnstituō**, -ere, -uī, -ūtum; auctor alicūius mōris fīō.
**īnstitūtum**, -ī (*n.*); mōs.
**īnstruō**, -ere, -struxī, -structum; doceō.
**īnsula**, -ae (*f.*); terra marī circumdata.
**īnsurgō**, -ere, -surrēxī, -surrēctum; mē tollō.
**integer**, -gra, -grum; tūtus; salvus, nōn volnerātus.
**intempesta** nox est media nox.
**intendō**, -ere, -dī, -tum; tendō ad; *intentus*=summā *cūrā.*
**interdīcō**, -ere, -dīxī, -dictum (*dat.*); vetō.
**intereō**, -īre, -īvī (-iī), -itum; pereō, morior.
**interficiō**, -ere, -fēcī, -fectum; caedō.
**interimō**, -ere, -ēmī, -emptum; interficiō.
**intersum**, -esse, -fuī (*dat.*); partem agō in aliquā rē.
**interveniō**, -īre, -vēnī, -ventum; inter duōs aliōs veniō.
**intexō**, -ere, -texuī, -textum; inter aliās rēs aliquid texō.
**intrō**, -āre; eō in.
**intrōdūcō**, -ere; indūcō.
**inundō**, -āre; aquā submergō.
**inūsitātus**, -a, -um; id est inūsitātum quod fierī nōn solet. Contrārium est *solitus.*
**inūtilis**, -e; nūllā rē dīgnus.
**invādō**, -ere, -sī, -sum; contrā aliquem irruēns pūgnō.
**inveniō**, -īre, -vēnī, -ventum; reperiō; quasi *veniō in.*
**invicem**; inter sē.
**invideō**, -ēre, -vīdī, -vīsum (*dat.*); tibi invideō sī id quod tū habēs ego habēre volō.

**invidia**, -ae (*f.*); nōmen ā verbō *invideō* ductum.
**invītō**, -āre; ad mē vocō.
**invītus**, -a, -um; nōn volēns, nōlēns.
**invocō**, -āre; implōrō.
**involvō**, -ere, -volvī, -volūtum; aliquid in aliā rē volvō; tegō.
**īrācundus**, -a, -um; īrā plēnus.
**īrāscor**, -ī, īrātus sum; affectus sum īrā.
**irrīdeō**, -ēre, -rīsī, -rīsum; cum aliquō ita rem agō ut cēterī rīdeant; aliquem lūdibriō habeō.
**irrumpō**, -ere, -rūpī, -ruptum; irruō.
**irruō**, -ere, -ruī; māgnō impetū in aliquem locum currō.

**iactō**, -āre; quatiō; iaciō.
**iaculum**, -ī (*n.*); tēlum quod ē manū iacimus.
**iānitor**, -ōris (*m.*); quī iānuam cūstōdit.
**iēiūnus**, -a, -um; is est iēiūnus quī edere volt.
**ientāculum**, -ī (*n.*); id quod māne edimus.
**iūcunditās**, -ātis (*f.*); nōmen est, adiectīvum est *iūcundus*.
**iūcundus**, -a, -um; id est iūcundum quod mihi placet.
**iūdicium**, -ī (*n.*); iūdicēs in iūdiciō hominem accūsātum aut damnant aut absolvunt.
**iūdicō**, -āre; id quod iūdicēs faciunt.
**iugulō**, -āre; iugulum secō.
**iugulum**, -ī (*n.*); pars corporis inter caput et umerōs.
**iugum**, -ī (*n.*); id quod cum bovēs arātrō iungimus suprā colla eōrum pōnimus.
**Iūnō**, -ōnis (*f.*); uxor Iovis.
**Iūppiter**, Iovis (*m.*); pater deōrum.
**iūrō**, -āre; affīrmō. Nōs Anglī dum iūrāmus librum sacrum manū tenēmus.
**iūs**, iūris (*n.*); potestās quam oportet nōs habēre; *iūs dō* = iūdicō. *In iūs eō* = rem ad iūdicium dēferō.
**iūsiūrandum**, iūrisiūrandī (*n.*); id quod iūrāmus.
**iūssum**, -ī (*n.*); id quod iubeō. *Iūssū* = *secundum iūssa*.

**labor**, -ōris (*m.*); negōtium quod fessōs reddit hominēs; paene idem quod *dolor*.
**labōrō**, -āre; in summā difficultāte sum; doleō, dolōrem sentiō. *Ē capite labōrō* = dolōrem in capite sentiō.
**labrum**, -ī (*n.*); pars ōris quae dentēs tegit.
**lac**, lactis (*n.*); albus quīdam liquor quem vacca nōbīs praebet.
**lacerō**, -āre; quasi in fragmenta dentibus secō.
**lacessō**, -ere, -īvī, -ītum; vexō, perturbō.
**lacus**, -ūs (*m.*); quasi parvum mare in mediā terrā situm.
**laedō**, -ere, -sī, -sum; noceō; efficiō ut aliquis doleat.
**laetus**, -a, -um; fēlīx.
**lāmentātiō**, -ōnis (*f.*); vōx dolentis.
**lāmentor**, -ārī; fleō; lāmentātiōnem faciō.
**lāna**, -ae (*f.*); id quod in tergō ovis crēscit ē quō vestēs teximus.
**lānificium**, -ī (*n.*); ars texendī lānam.
**lapillus**, -ī (*m.*); lapis parvus.

**laqueus**, -ī (*m.*) ; quasi circulus ē restī factus.
**largītiō**, -ōnis ; dōnum ; praecipuē dōnum quō aliquem corrumpere cōnor.
**larva**, -ae (*f.*) ; persōna.
**lateō**, -ēre, -uī ; mē cēlō.
**latrō**, -ōnis (*m.*) ; quī id quod nōn suum est capit.
**latus**, -eris (*n.*) ; pars corporis, neque tergum neque frōns.
**lavō**, -āre, lāvī, lavātum (lautum *vel* lotum) ; aquā purgō.
**leaena**, -ae (*f.*) ; quasi leō fēminīnus.
**lectulus**, -ī (*m.*) ; lectus parvus.
**lectus**, -ī (*m.*) ; rēs super quam iacēmus dum dormīmus.
**lēgātus**, -ī (*m.*); is quī ad aliōs negōtia āctūrus mittitur.
**leō**, -ōnis (*m.*) ; animal ferōcissimum quod Āfricam aliāsque regiōnēs habitat.
**Lēthaeus**, -a, -um ; ad Lēthēn attinēns.
**Lēthē**, -ēs (*f.*) ; flūmen apud īnferōs ē quō sī quis bibit tōtīus priōris vītae oblīvīscitur.
**levō**, -āre ; levius aliquid faciō ; līberō.
**lēx**, lēgis (*f.*) ; quasi pūblicum ēdictum quod quid facere liceat quidve nōn liceat expōnit.
**libēns**, -entis ; volēns ; laetus.
**libenter** adverbium est ; adiectīvum est *libēns*.
**Līber**, -erī (*m.*) ; Bacchus, deus vīnī.
**līber**, -era, -erum ; is est līber quī nōn est servus.
**līberālis**, -e. Ad līberōs hominēs attinēns. Contrārium quam *avidus*.
**līberī**, -ōrum (*m.*) ; puerī ; fīliī et fīliae.
**lībertās**, -ātis (*f.*) ; nōmen est, adiectīvum est *līber*.
**libet** ; placet.
**lībrō**, -āre ; duās rēs ita teneō ut aequālem habeant statum.
**līctor**, -ōris (*m.*) ; servus magistrātūs. Līctōres fascēs et secūrim portābant quibus scelerātōs solēbant pūnīrī.
**līgna**, -ōrum (*n.*) ; fragmenta arboris.
**līgneus**, -a, -um ; adiectīvum ā nōmine *līgna* ductum.
**līmōsus**, -a, -um ; adiectīvum ā nōmine *līmus* ductum.
**līmus**, -ī (*m.*) ; quasi terra cum aquā admīxta.
**lingua**, -ae (*f.*) ; id quod ōrī inest quā loquentēs ūtimur.
**linteum**, -ī (*n.*) ; vestis lintea, ē līnō facta. Tunica est lintea vestis.
**liquefaciō**, -ere, -fēcī, -factum ; liquidum aliquid reddō.
**liquet** ; clārum est.
**liquidus**, -a, -um ; adiectīvum ā nōmine *liquor* ductum. Contrārium quam *solidus*.
**liquor**, -ōris (*m.*) ; id quod fluit.
**līs**, lītis (*f.*) ; contentiō apud iūdicium.
**lītus**, -oris (*n.*) ; pars terrae apud mare.
**locō**, -āre ; pōnō ; negōtium faciendum quasi vēnum dō. Is quī negōtium suscipit, negōtium condūcit, atque mihi dīcit quantī negōtium perficere velit.
**locuplēs**, -ētis ; dīves.
**longinquus**, -a, -um ; procul ; contrārium quam *proximus*. *Ē longinquō* = contrārium quam *prope*.

**longitūdō**, -inis (*f.*); nōmen est, adiectīvum est *longus*.
**lōrārius**, -ī (*m.*); is quī servōs flagellat.
**lōrum**, -ī (*n.*); pars coriī angusta et longa.
**lōtus**, -ī (*f.*); herba quaedam dulcissima.
**lucerna**, -ae (*f.*); rēs quaedam oleum continēns quae noctem illūminat.
**luctor**, -ārī; contrā aliquem eō cōnsiliō contendō ut ad terram dēiciam.
**lūctus**, -ūs (*m.*); dolor.
**lūdibrium**, -ī (*n.*); id quod faciō ut aliquem irrīdeam.
**lūdus**, -ī (*m.*); locus ubi litterās discimus. Aut cōmoedia aut tragoedia quam in scaenā vidēmus. *Lūdus gladiātōrius* est locus ubi gladiātōrēs pūgnāre discunt.
**lūmen**, -inis (*n.*); lūx.
**lūna**, -ae (*f.*); ut sōl lūcem dat diē, ita lūna noctū dat.
**lūsus**, -ūs (*m.*); nōmen est, verbum est *lūdō*.
**lutum**, -ī (*n.*); līmus.
**lūx**, lūcis (*f.*); id quod sōl dat; diē est lūx, nocte nōn est. *Sub lūcem* = paulō antequam sōl oritur.

**macer**, -cra, -crum; contrārium quam *pinguis*.
**māchinor**, -ārī; dolōs excōgitō.
**maciēs**, -ēī (*f.*); est nōmen, adiectīvum est *macer*.
**mactō**, -āre; interficiō, praecipuē apud sacrificium.
**macula**, -ae (*f.*); sī līmus aliave rēs sordida in vestem albam cadit maculam facit.
**maculōsus**, -a, -um; maculārum plēnus.
**madeō**, -ēre, -uī; madidus sum.
**madidus**, -a, -um; sī quid in aquam immergō madidum faciō.
**magicus**, -a, -um; id est magicum quod suprā hūmānam potestātem est; quōmodo fīat nescīmus.
**magistrātus**, -ūs (*m.*); quī pūblica cūrat negōtia. Seriēs magistrātuum est *aedīlis, quaestor, praetor, cōnsul, prō cōnsule, cēnsor.*
**māgnificus**, -a, -um; splendidus; līberālis.
**māgnitūdō**, -inis (*f.*); nōmen est, adiectīvum est *māgnus*.
**mālum**, -ī (*n.*); pōmum.
**mālus**, -ī (*m.*); tīgnum in mediā nāve ērēctum.
**mandō**, -āre; dō, commendō.
**māne** (*n.*); pars diēī ante merīdiem.
**maneō**, -ēre, mānsī, mānsum; in locō stō; nōn abeō; habitō.
**mānēs**, -ium (*m.*); anima vel spīritus mortuī hominis. Mānēs apud īnferōs vīvunt.
**mānsuētus**, -a, -um; contrārium quam *ferōx*.
**marīnus**, -a, -um; ad mare attinēns.
**marītus**, -ī (*m.*); cuī est uxor. Pater tuus est marītus tuae mātris.
**marmor**, -oris (*m.*); saxum candidum ē quō sīgna deōrum et templa facimus.
**māteria**, -ae (*f.*); id ē quō aliquid factum est māteria est.
**māternus**, -a, -um; ad mātrem attinēns.
**mātrimōnium**, -ī (*n.*); pater

mātrem tuam in mātrimōnium dūxit.
**mātrōna**, -ae (*f.*) ; fēmina in mātrimōnium ducta.
**mātūrēscō**, -ere, mātūruī ; mātūrus fīō.
**mātūrus**, -a, -um ; frūx mātūra est edendō idōnea.
**mātūtīnus**, -a, -um ; ad māne attinēns.
**medeor**, -ērī (*dat.*) ; sānō.
**medicāmentum**, -ī (*n.*) ; herba mala ; remedium ; medicīna.
**medicīna**, -ae (*f.*) ; id quod medicus nōbīs dat.
**medicus**, -ī (*m.*) ; is quī aegrōs sānat.
**medicus**, -a, -um ; ars medica est ars sānandī aegrōtantēs.
**mel**, mellis (*n.*) ; id quod apēs ē flōribus colligunt.
**membrum**, -ī (*n.*) ; pars corporis.
**memoria**, -ae (*f.*) ; pars mentis quā meminimus.
**mendācium**, -ī (*n.*) ; nōmen est ; adiectīvum est *mendāx.*
**mendāx**, -ācis ; is est mendāx quī mentītur.
**mendīcus**, -ī (*m.*) ; homō quī vagātur āc sī cuī occurrit hunc in modum eum alloquitur : "Ō benīgne," inquit, "dā mihi, sīs, aliquantulum pecūniae. Septemdecim mīlia passuum hodiē ambulāvī ; nihil habeō quod edam, neque uxor habet, neque līberī, quī mihi sunt duodecim."
**mēns**, mentis (*f.*) ; animus.
**mēnsis**, -is (*m.*) ; duodecima pars annī.
**mentior**, -īrī ; nōn vērum dīcō.
**mentum**, -ī (*n.*) ; pars ōris īnferior.
**merīdiēs**, -ēī (*f.*) ; media diēs.
**meritō** adverbium est, adiectīvum est *meritus.*
**meritus**, -a, -um ; dīgnus.
**merum**, -ī (*n.*) ; vīnum cum nūllā aquā admīxtum.
**metus**, -ūs (*m.*) ; timor.
**mīles**, -itis (*m.*) ; homō quī pūgnat et patriam dēfendit. Vidē pāginam centēsimam trīgēsimam secundam.
**Minerva**, -ae (*f.*) ; dea bellī et sapientiae.
**minister**, -trī (*m.*) ; servus.
**minitor**, -ārī ; minor.
**minor**, -ārī ; aliquid horribile mē āctūrum esse dīcō.
**minuō**, -ere, -uī, -ūtum ; contrārium quam *augeō.*
**mīrābilis**, -e ; mīrus ; id quod admīror est mīrābile.
**mīror**, -ārī ; intellegere nōn possum.
**miserābilis**, -e ; miser.
**miserātiō**, -ōnis (*f.*) ; misericordia.
**miserē** ; adverbium ab adiectīvō *miser* ductum.
**miseret**, -uit ; *miseret mē* sīgnificat *misericordiā commōtus sum.*
**misericordia**, -ae (*f.*) ; sī tibi parcō misericordiā affectus sum.
**modus**, -ī (*m.*) ; fīnis ; *in modum alicūius reī* sīgnificat *sīcut, quasi. Praeter modum* =nimis.
**moenia**, -ium (*n.*) ; mūrī urbis.
**mola**, -ae (*f.*) ; frūmentum molitum.
**molae**, -ārum (*f.*) ; duo māgna atque rotunda saxa quibus frūmentum molimus.
**mōlēs**, -is (*f.*) ; quicquid māgnae māgnitūdinis.

**molliter**; adverbium ab adiectīvō *mollis* ductum.
**molō**, -ere, -uī, -itum; quasi in fragmenta tundō. Frūmentum molīs molimus.
**moneō**, -ēre; moneō tē ut caveās nē quid accidat.
**monitum**, -ī (*n.*); id quod moneō.
**monitus**, -ūs (*m.*); nōmen ā verbō *moneō* ductum.
**mōns**, montis (*m.*); collis altus.
**mōnstrum**, -ī (*n.*); sīgnum dīvīnum, portentum.
**monumentum**, -ī (*n.*); sepulcrum.
**mordeō**, -ēre, momordī, morsum; dentibus mordēmus aliquid.
**moror**, -ārī; moram faciō; nōn fēstīnō.
**mortālis**, -e; nōn immortālis.
**mortifer**, -era, -erum; mortem ferēns.
**mōrum**, -ī (*n.*); arbor humilis quae nigrās bācās fert.
**mōs**, mōris (*m.*); id quod facere solēmus. *Mōrem alicuī gerō = ita agō ut alicuī placeam.*
**mōtus**, -ūs (*m.*); nōmen est *mōtus*, verbum *moveō*.
**mox**; nōn ita multō post.
**mucrō**, -ōnis (*m.*); gladius.
**mūgītus**, -ūs (*m.*); vōx bovis.
**muliebris**, -e; adiectīvum ā nōmine *mulier* ductum.
**mulier**, -eris (*f.*); fēmina.
**multitūdō**, -inis (*f.*); turba māgna; multī hominēs.
**mundus**, -ī (*m.*); orbis terrārum.
**mūnus**, -eris (*n.*); spectāculum gladiātōrum; dōnum.
**mūs**, mūris (*m.*); animal parvum quod fēlēs grātō animō interficiunt eduntque.
**Mūsae**, -ārum (*f.*); deae carminum.
**musca**, -ae (*f.*).
**mustēla**, -ae (*f.*).
**mūtātiō**, -ōnis (*f.*) nōmen est; verbum est *mūtō*.
**mutilō**, -āre; partem abscīdō.
**mūtō**, -āre; in aliam fōrmam aliquid vertō.
**mūtuor**, -ārī; mūtuam pecūniam accipiō.
**mūtus**, -a, -um; is quī loquī nōn potest.
**mūtuus**, -a, -um; propriē id quod ad multōs attinet est mūtuum. *Mūtuum aliquid accipiō* est *aliquid accipiō quod oportet mē posteā reddere.* Contrārium est *mūtuum aliquid dō.*

**nancīscor**, -ī, nactus sum; adipīscor; potior.
**nārēs**, -ium (*f.*); nāsus.
**nārrātiō**, -ōnis (*f.*); id quod nārrō.
**nātiō**, -ōnis (*f.*); cīvēs ab eādem orīgine ortī. Rōmānī sunt nātiō.
**natō**, -āre; in aquā quasi currō et manibus et pedibus ūsus.
**naufragium**, -ī (*n.*); est naufragium cum nāvēs contrā saxa franguntur.
**nauta**, -ae (*m.*); is quī nāvigat.
**nāvigō**, -āre; iter in nāvī faciō.

**nāvis**, -is (*f.*) ; id quod nōs trāns mare portat.
**necesse** est ; oportet.
**necessitās**, -ātis (*f.*) ; id quod mūtārī nūllō modō potest.
**necō**, -āre ; interficiō.
**nefārius**, -a, -um ; malus, scelestus.
**neglegō**, -ere, -glēxī, -glēctum ; contrārium quam *cūrō*.
**nēgligenter** ; contrārium quam dīligenter ; sine cūrā.
**negō**, -āre ; dīcō *nōn*.
**Nemesis**, -is (*f.*) ; dea quae male facta, praecipuē superbiam, ulcīscitur.
**Neptūnus**, -ī (*m.*) ; deus maris.
**nēquam**, nefārius.
**nequeō**, nequīvī ; nōn possum.
**nex**, necis (*f.*) ; mors ; caedēs.
**nīdus**, -ī (*m.*) ; domus avis.
**nihil** ; nūlla rēs.
**nihilum**, -ī (*n.*) ; nihil ; *nihilī* = nūllīus pretiī.
**nimis**, plūs quam oportet.
**nimius**, -a, -um ; māior quam oportet ; *nimiī = plūrēs quam oportet.*
**niveus**, -a, -um ; candidus.
**nocēns**, -entis ; nōn innocēns ; is quī rē vērā scelus admīsit nocēns est.
**noctū** ; nocte.
**noctua**, -ae (*f.*) ; būbō.
**nocturnus**, -a, -um ; ad noctem attinēns.
**nōdus**, -ī (*m.*) ; sī restim aliā restī intexō fit nōdus.
**nōlō**, nōlle, nōluī ; nōn volō.
**nōminō**, -āre ; nōmen alicuī dō ; appellō.
**Nōnae**, -ārum (*f.*) ; aut quīntus aut septimus diēs mēnsis.
**nota**, -ae (*f.*) ; sīgnum scrīptum.
**notō**, -āre ; indicō.
**nōtus**, -a, -um ; id quod nōvī est nōtum mihi.
**November**, -bris ; nōnī mēnsis.
**nōvī**, -isse ; sciō.
**novissimus**, -a, -um ; ultimus.
**novitās**, -tātis (*f.*) ; nōmen est, adiectīvum est *novus*.
**noxius**, -a, -um ; id est noxium quod nōbīs nocet.
**nūbō**, -ere, nūpsī, nūptum (*dat.*) ; māter tua patrī tuō nūpsit.
**nūdō**, -āre ; nūdum aliquem reddō.
**nūdus**, -a, -um ; sine vestibus.
**nūmen**, -inis (*n.*) ; deus ; deī potestās.
**numerus**, -ī (*m.*) ; i, ii, iii, iiii, v, sunt numerī.
**nūntiō**, -āre ; nārrō ut nūntius.
**nūntius**, -ī (*m.*) ; is quī ad aliōs it ut aliquid nārret.
**nūper** ; paulō anteā.
**nūpta**, -ae (*f.*) ; uxor nūper in mātrimōnium ducta.
**nūptiae**, -ārum (*f.*) ; mātrimōnium.
**nūptiālis**, -e ; ad nūptiās attinēns.
**nūsquam** ; in nūllō locō.
**nūtō**, -āre ; hūc illūc pendēns moveor.
**nūtrīx**, -īcis (*f.*) ; fēmina quae īnfantēs cūrat.
**nūtus**, -ūs (*m.*) ; mōtus capitis.
**nux**, nucis (*f.*) ; genus frūgis ; externam partem dūrissimam habet ; interiōrem modo partem edimus. Sīmiī nucēs valdē āmant.

**obdō**, -ere, -didī, -ditum ; oppōnō ; forēs obdō vel claudō.
**obdormiō**, -īre ; dormīre incipiō.

**obdūcō**, -ere, -dūxī, -ductum; tegō.
**obeō**, -īre, -īvī (-iī) -itum; subeō; patior. (*Mortem*) *obeō* = morior.
**obiciō**, -ere, -iēcī, iectum; contrā aliquem iaciō; alicuī in ōs iaciō; accūsō.
**obiectus**, -ūs (*m.*); nōmen ā verbō *obiciō* ductum.
**obiūrgō**, -āre; increpō, reprehendō.
**oblinō**, -ere, -lēvī, -litum; corpus unguentō oblinimus.
**oblīviō**, -ōnis (*f.*); nōmen ā verbō *oblīvīscor* ductum.
**oblīvīscor**, -ī, -lītus sum (*gen.*); nōn meminī.
**obmūtēscō**, -ere, -tuī; mūtus fīō.
**obruō**, -ere, -ruī, -rutum; suprā aliquem ita cadō ut eum dēiciam; aliquā rē tegō; opprimō.
**obserō**, -āre; contrārium quam *reserō*.
**observō**, -āre; spectō.
**obses**, -idis (*m.f.*); is est obses quem hostibus trādimus, nōs fidem servātūrōs esse spondendī causā.
**obsideō**, -ēre, -sēdī, -sessum; mīlitēs urbem obsident cum castra circum moenia ēius pōnunt nē quīs exīre nēve intrāre possit.
**obstō**, -āre, -stitī, -stātum (*dat.*); impediō, nōn sinō.
**obtegō**, -ere, -tēxī, -tēctum; tegō.
**obtemperō**, -āre; pāreō, oboediō.
**obterō**, -ere, -trīvī, -trītum; pedibus aliquid in fragmenta frangō.
**obtineō**, -ēre, -tinuī, -tentum; habeō, teneō, gerō.
**obtūrō**, -āre; oblinō, obstruō.
**obviam** eō alicuī; accurrō; alicuī occurrō; dum per viam eō aliquem offendō.
**occāsiō**, -ōnis (*f.*); potestās, opportūnitās, facultās; occāsiōnem alicūius rei faciendae habeō cum eam facere possum.
**occidō**, -ere, -cidī, -cāsum; cadō, contrārium quam *orior*.
**occīdō**, -ere, -cīdī, -cīsum; interficiō.
**occultō**, -āre; cēlō.
**occurrō**, -ere, -currī, -cursum; obviam eō alicuī.
**Ōceanus**, -ī (*m.*); mare māgnum.
**ocrea**, -ae (*f.*); id quō mīles crūs tegit nē volnerētur.
**ōdī**, ōdisse; contrārium quam *amō*.
**odor**, -ōris (*m.*); id quod nāribus percipiō.
**offendō**, -ere, -dī, -sum; inveniō, ita currō ut aliquem corpore meō feriam. Efficiō ut aliquis īrāscātur vel indīgnētur.
**offerō**, -ferre, obtulī, oblātum; praebeō, dō; obiciō.
**officīna**, -ae (*f.*); locus ubi aliquid fabricāmur.
**olea**, -ae (*f.*); arbor quaedam quae bācās viridēs prōcreat.
**oleum**, -ī (*n.*); liquor quīdam quī, sī incenditur, lūmen dat.
**olīva**, -ae (*f.*); arbor quaedam humilis quae bācas viridēs prōcreat.
**omīttō**, -ere, -mīsī, -mīssum; praetereō; neglegō.
**omnis**, -e; cūnctus; ūnusquisque.
**onerō**, -āre; onus alicuī impōnō.

**onus**, -eris (*n.*) ; id quod portō.
**opācus**, -a, -um ; umbrā plēnus, umbrōsus ; locus est opācus ubi est umbra, ubi sōl nōn fulget.
**opera**, -ae (*f.*) ; opus ; *operam dō* = vehementer cōnor.
**operae**, -ārum (*f.*) ; auxilium.
**operiō**, -īre, operuī, opertum ; cēlō, abdō.
**opēs**, -um (*f.*) ; dīvitiae, cōpiae. *opem* = auxilium.
**oppidum**, -ī (*n.*) ; urbs.
**oppōnō**, -ere, -posuī, -positum ; pōnō ob aliquid.
**oppūgnō**, -āre ; pūgnō contrā.
**optō**, -āre ; habēre volō.
**ōrāculum**, -ī (*n.*) ; vōx deī.
**ōrātiō**, -ōnis (*f.*) ; dum loquor ōrātiōnem faciō vel habeō.
**ōrātor**, -ōris (*m.*) ; is quī ōrātiōnem habet vel facit.
**orbis**, -is (*m.*) ; aliquid rotundum. *Orbis terrārum* = *omnēs terrae quae in mundō sunt.*
**orīgō**, -inis (*f.*) ; id est orīgō ē quō aliquid oritur, vel dūcitur.
**orior**, -īrī, ortus sum ; surgō.
**ōrnāmentum**, -ī (*n.*) ; id quō aliquid ōrnāmus.
**ōrnātus**, -ūs (*m.*) ; nōmen est ; verbum est *ōrnō*, vel *decorō.*
**ōsculor**, -ārī ; ōsculum alicuī dō.
**ōsculum**, -ī (*n.*) ; amātōrēs ōribus cōniūnctīs ōscula inter sē dant.
**ostendō**, -ere, -tendī, -tentum ; mōnstrō.
**ōstium**, -ī (*n.*); porta.

**ōtium**, -ī (*n.*) ; contrārium quam *negōtium.*
**ovis**, -is (*f.*).
**ōvum**, -ī (*n.*) ; id ex quō pullus nāscitur.
**pacīscor**, -ī, pactus sum ; pactiōne aut spondeō aut postulō.
**pactiō**, -ōnis (*f.*) ; prōmīssum ; sī prōmīttō mē aliquid tibi datūrum esse sī tū mihi aliam rem dederis pactiōnem cum tē faciō. Nōlī pactiōnem omīttere, sed semper in pactiōne manē.
**paene** ; nōn omnīnō.
**paenitet**, -ēre ; *paenitet mē hūius* sīgnificat *doleō quod hōc fēcī.*
**pallidus**, -a, -um ; sine colōre ; albus.
**pallor**, -ōris (*m.*) ; color pallidus.
**palūs**, -ūdis (*f.*) ; lacus ubi līmōsa est aqua.
**pampinus**, -ī (*m. f.*) ; frōns vītis.
**pangō**, -ere, panxī (pepigī, pēgī), panctum (pāctum) ; sī iānuam clausam pangimus . nēmō potest intrāre.
**pannōsus**, -a, -um ; vestis pannōsa est vestis multīs forāminibus secta.
**panthēra**, -ae (*f.*) ; animal leōnī similis.
**pār**, paris ; similis ; īdem.
**Parcae**, -ārum ; fēminae, seu deae rēctius appellantur, quae fātum nōbīs canunt.
**parcō**, -ere, pepercī, parsum (*dat.*) ; veniam dō ; nōn interficiō.
**parēns**, -entis (*m. f.*) ; pater et māter sunt parentēs.
**pariēs**, -etis (*m.*) ; cellae mūrus.
**pariō**, -ere, peperī, partum ; faciō, gīgnō. Avis ōva parit.
**parō**, -āre ; *sibi parāre* est *adipīscī.*

**particeps**, -cipis ; is quī partem alicūius reī accipit particeps ēius est.
**partim** ; ex parte ; nōn omnīnō.
**pāscō**, -ere, pāvī, pāstum ; cibum animālibus praebeō ; animālia dum in agrīs edunt cūstōdiō.
**pāscua**, -ōrum (*n.*) ; locus ubi animālia pāscuntur.
**passim** ; in multīs locīs.
**passus**, -ūs (*m.*) ; spatium quod inter pedēs est dum ambulāmus.
**pāstor**, -ōris (*m.*) ; is quī ovēs pāscit āc cūstōdit.
**patefaciō**, -ere, -fēcī, -factum ; aperiō, reserō ; expōnō.
**patior**, -ī, passus sum ; sinō ; sentiō ; *dolōrem patior* est *doleō*.
**patria**, -ae (*f.*) ; terra ubi nātus est aliquis.
**patruēlis**, -e ; ad patruum attinēns.
**patruus**, -ī (*m.*) ; patris frāter.
**pauca** ; nōn multa.
**paulisper** ; breve tempus.
**paulō** ; nōn multō.
**paululum** ; nōn multum.
**pauper**, -eris ; is quī nōn multum habet pecūniae.
**pavor**, -ōris (*m.*) ; terror.
**pecus**, -oris (*n.*) ; turba animālium.
**pelagus**, -ī (*n.*) ; mare.
**pellō**, -ere, pepulī, pulsum ; aliquem in fugam vertō ; agō.
**Penātēs**, -ium (*m.*) ; deī domūs.
**pendeō**, -ēre, pependī ; id pendet quod suspenditur.
**pendulus**, -a, -um ; id est pendulum quod pendet.
**penitus** ; altē ; ad intimam partem.
**penna**, -ae (*f.*) ; membrum corporis quō avis volat.
**pēnsum**, -ī (*n.*) ; opus domī factum.
**peragō**, -ere, -ēgī, -āctum ; ad fīnem agō, perficiō.
**peragrō**, -āre ; per locum vagor.
**percellō**, -ere, -culī, -culsum ; percutiō ; terrōre afficiō.
**percipiō**, -ere, -cēpī, -ceptum ; spectō, videō, intellegō.
**percutiō**, -ere, -cussī, -cussum ; pulsō.
**perdūcō**, -ere, -dūxī, -ductum ; ūsque ad fīnem dūcō.
**peregrīnus**, -ī (*m.*) ; quī aliam āc nōs habitat terram.
**pereō**, -īre, -īvī (-iī), -itum ; morior.
**perfacile** ; omnīnō facile.
**perferō**, -ferre, -tulī, -lātum ; ad aliquem portō ; dēferō.
**perficiō**, -ere, -fēcī, -fectum ; faciō ; contrārium quam *incipiō*.
**perfidia**, -ae (*f.*) ; mala fidēs.
**perforō**, -āre ; forāmen per aliquid faciō.
**perfricō**, -āre, -fricuī, -fricatum (-frictum) ; oblinō.
**perfringō**, -ere, -frēgī, -frāctum ; effringō.
**perfundō**, -ere, -fūdī, -fūsum ; aliquid madidum reddō.
**pergō**, -ere, -rrēxī, -rrēctum ; prōcēdō.
**pergula**, -ae (*f.*) ; quasi tugurium quō, ex aliō aedificiō cui affīxum est ēminentī, Rōmānī ut tabernā ūtēbantur.
**perīclitor**, -ārī ; in perīculō sum ; quāle sit aliquid experīrī cōnor ; alicūius reī perīculum faciō.

**perīculōsus**, -a, -um; contrārium quam *tūtus*.

**perīculum**, -ī (*n.*); perīculum est ubi locus nōn est tūtus; aliter sīgnificat *experīmentum*.

**permāgnus**, -a, -um; māximus.

**permaneō**, -ēre, -mānsī, -mānsum; ūsque ad fīnem maneō.

**permīttō**, -ere, -mīsī, -mīssum; sinō; intrāre aliquem sinō.

**perperam**; contrārium quam *rēctē*.

**perscrībō**, -ere, -scrīpsī, -scrīptum; *pecūniam perscrībō* est *pecūniam mūtuam dō*.

**persequor**, -ī, -secūtus sum; capere cōnor; sequor; vindicō.

**persōna**, -ae (*f.*); effigiēs quam faciēī impōnimus. Puerī Anglicī persōnās Nōnīs Novembribus saepenumerō ferunt.

**perspiciō**, -ere, -spexī, -spectum; dīligenter spectō.

**perterreō**, -ēre; valdē terreō.

**pertractō**, -āre; tangō.

**perturbātiō**, -ōnis (*f.*); nōmen est, verbum est *perturbō*.

**perturbō**, -āre; agitō; timor vel terror mentem perturbat.

**perveniō**, -īre, -vēnī, -ventum; ad fīnem veniō.

**pessulus**, -i (*m.*); longum īnstrūmentum aut līgneum aut ferreum quō iānuam ita pangimus ut nēmō possit intrāre.

**pēstilentia**, -ae (*f.*); pēstis; tempestās īnsalūbris.

**pēstis**, -is (*f.*); rēs horribilis; aliquid malī quod nōs vexat.

**Pherae**, -ārum (*f.*); oppidum in Thessaliā.

**Pheraeī**, -ōrum (*m.*); quī Pherās habitābant.

**philosophus**, -ī (*m.*); homō sapiēns.

**phōca**, -ae (*f.*); canis marīnus.

**pīctor**, -ōris (*m.*); is quī pingit.

**pīctūra**, -ae (*f.*); id quod pīctor pingit; tabella pīcta.

**pietās**, -ātis (*f.*); nōmen est; adiectīvum est *pius*.

**pila**, -ae (*f.*).

**pīleus**, -ī (*m.*); id quod in capite ferimus, dum forīs sumus.

**pīlum**, -ī (*n.*). Vidē pāginam centēsimam trīgēsimam secundam.

**pilus**, -ī (*m.*); capillus animālis.

**pingō**, -ere, pīnxī, pīctum; alium colōrem alicuī reī dō.

**pinguis**, -e; is est pinguis cuī nimis est carnis.

**piscātor**, -ōris (*m.*); quī piscēs capit vel vēndit.

**piscis**, -is (*m.*); animal parvum quod mare habitat. Piscēs edimus.

**pīstor**, -ōris (*m.*); is quī pānem facit āc vēndit.

**pius**, -a, -um; is est pius quī ergā parentēs suōs bonum sē praestat; bonus, probus.

**placenta**, -ae (*f.*); dulce genus pānis.

**placidus**, -a, -um; quiētus, mollis; nōn īrācundus.

**plācō**, -āre; īram alicūius dēprecor; efficiō ut aliquis placidus sit.

**plāne** ; clārē.
**planta**, -ae (*f.*) ; pars pedis īnferior.
**platēa**, -ae (*f.*) ; via intrā urbem.
**plaudō**, -ere, plausī, plausum ; sonum manibus faciō quō aliquem laudem.
**plaustrum**, -ī (*n.*) ; id quod equus trahit in quō rēs portāmus.
**plausus**, -ūs (*m.*) ; plaudentium sonus.
**plēbs**, -is (*f.*) ; humiliōrēs āc pauperiōrēs cīvēs.
**plērīque** ; paene omnēs.
**plērumque** ; paene semper.
**plūma**, -ae (*f.*) ; id quod corpus avis contegit.
**pluvia**, -ae (*f.*) ; imber.
**pōculum**, -ī (*n.*) ; vās ē quō bibimus.
**poenās dō alicuī** ; aliquis mē pūnītur ; contrārium est *poenās sūmō*.
**polliceor**, -ērī, pollicitus sum ; prōmīttō.
**pollūtus**, -a, -um ; nōn pūrus ; foedus.
**pompa**, -ae (*f.*) ; quasi longa hominum seriēs per viās ambulantium.
**pōmum**, -ī (*n.*).
**pondus**, -eris (*n.*) ; aliquid grave ; onus.
**populus**, -ī (*m.*) ; cīvēs.
**porcus**, -ī (*m.*).
**porrigō**, -ere, -rēxī, -rēctum ; extendō ; dō.
**porta**, -ae (*f.*) ; quasi iānua urbis.
**portō**, -āre ; ferō.
**possessiō**, -ōnis (*f.*) ; nōmen ā verbō *possideō* ductum.
**possideō**, -ēre, -sēdī, -sēssum ; habeō, teneō.
**posterus**, -a, -um ; quī posteā venit ; *posterō diē* = *diē secundō*.
**postpōnō**, -ere, -posuī, -positum ; minōris aestimō ; sī tē frātrī tuō postpōnō frātrem tē meliōrem esse putō.
**postrēmō** ; vidē *dēnique*.
**postrīdiē** ; posterō diē.
**postulō**, -āre ; poscō.
**potentia**, -ae (*f.*) ; potestās ; vīs.
**potestās**, -tātis (*f.*) est nōmen ; verbum est *possum* ; occāsiō, facultās, opportūnitās.
**pōtiō**, -ōnis (*f.*) ; pōtus.
**potior**, -īrī (*abl.*) ; adipīscor, mihi parō.
**potissimum** ; māximē.
**pōtus**, -ūs (*m.*) ; id quod bibimus.
**praecēdō**, -ere, -cēssī, -cēssum ; idem quod *antecēdō*.
**praeceptum**, -ī (*n.*) ; monitum.
**praecīdō**, -ere, -cīdī, -cīsum ; abscīdō.
**praecipitō**, -āre ; in caput aliquem iaciō.
**praecipuē** ; in prīmīs.
**praeclārus**, -a, -um ; illūstris, nōbilis.
**praecō**, -ōnis (*m.*) ; homō māgnā vōce praeditus quī apud iūdicium aliumve hominum conventum profātur. Silentium fierī iubet.
**praeda**, -ae (*f.*) ; id quod capimus, spolia ; animal quod vēnāmur.
**praedīcō**, -ere, -dīxī, -dictum ; quāle futūrum sit aliquid dīcō.

**praeditus**, -a, -um; is praeditus est aliquā rē quī aliquam rem habet.
**praeficiō**, -ere, -fēcī, -fectum; aliquem ut ducem vel caput alicūius reī creō.
**praemium**, -ī (*n.*); dōnum quod ob virtūtem accipiō.
**praesaepium**, -ī (*n.*); pars stabulī ubi equus stat dum cibum edit.
**praesēns**, -entis; is quī adest praesēns est.
**praesidium**, -iī (*n.*); auxilium.
**praestō**, -āre, -stitī, -stātum (-stitum); praebeō. *sē praestāre* est *sē mōnstrāre* vel *esse*.
**praetereā**; praeter ea; nōn modo . . . sed etiam.
**praetereō**, -īre, -īvī (-iī), -itum; eō praeter aliquem; neglegō; omittō.
**praetervehor**, -ī, -vectus sum; in nāvī praetereō.
**praetor**, -ōris (*m.*); magistrātus Rōmānus quī iūs dat.
**prātum**, -ī (*n.*); ager viridis ubi nihil nisi herba crēscit.
**precor**, -ārī; ōrō.
**prehendō**, -ere, -hendī, -hēnsum; teneō, capiō, tangō.
**prēlum**, -ī (*n.*); locus in quō ūvās premimus ut sūcus effluat.
**pretiōsus**, -a, -um; māgnī pretiī.
**pretium**, -ī (*n.*); pecūnia quam prō rē acceptā solvimus.
**prex**, precis (*f.*); vōx quā deōs alloquimur.
**prīnceps**, -ipis (*m.*); homō illūstris.
**prīstinus**, -a, -um; antīquus.
**prīvātus**, -a, -um; contrārium quam *pūblicus*.
**prīvō**, -āre; *aliquem aliquā rē prīvō* = aliquam rem ab aliquō capiō.
**probō**, -āre; laudō; idōneum aliquem esse putō.
**probus**, -a, -um; bonus.
**procāx**, -ācis; impudēns.
**prōcēdō**, -ere, -cēssī, -cēssum; eō.
**prōcērus**, -a, -um; altus, māgnā statūrā.
**prōcreō**, -āre; gīgnō; pariō.
**procul**; contrārium quam *prope*. *Nōn procul abest* sīgnificat *nōn multum abest*.
**procus**, -ī (*m.*); quī fēminam in mātrimōnium petit.
**prōdeō**, -īre, -īvī (-iī), -itum; prōcēdō.
**prōdigium**, -iī (*n.*); sīgnum dīvīnum; mōnstrum. Rēs quaedam inūsitāta quae hominēs terret.
**prōditor**, -ōris (*m.*); prōditor urbis portās clam aperit hostēsque intrāre sinit.
**prōdō**, -ere, -didī, -ditum; prōditor prōdit.
**proelium**, -ī (*n.*); pūgna.
**profectiō**, -ōnis (*f.*); nōmen ā verbō *proficīscor* ductum.
**profectō**; scīlicet.
**prōferō**, -ferre, -tulī, -lātum; extendō; dēprōmō.
**profor**, -farī; -fātus sum; loquor; praedīcō.
**profundō**, -ere, -fūdī, -fūsum; aliquam rem, liquorem praecipuē, ēiciō vel dēiciō.
**profundus**, -a, -um; altus.
**prōgredior**, -ī, -grēssus sum; prōcēdō.
**prohibeō**, -ēre; nōn sinō.
**prōiciō**, -ere, -iēcī, -iectum; dēiciō; iaciō, extendō.
**prōinde**; similī modō.
**prōlābor**, -ī, -lāpsus sum; cadō; mē praecipitō.

**prōlēs**, -is (*f.*) ; nātī, līberī.

**prōluviēs**, -ēī (*f.*) ; dīluvium.

**prōmittō**, -ere, -mīsī, -mīssum ; dīcō mē aliquid factūrum esse.

**prōnus**, -a, -um ; quasi in caput cadēns.

**propāgō**, -āre ; extendō, aliīs aliquid nōtum faciō.

**propellō**, -ere, -pulī, -pulsum ; agō ; efficiō ut aliquid prōcēdat.

**propinquus**, -a, -um ; vīcīnus ; id quod prope est propinquum est.

**propinquus**, -ī (*m.*) ; pater, frāter, soror, avunculus, patruus, cēterī sunt propinquī.

**prōpōnō**, -ere, -posuī, -positum ; paene idem quod *expōnō*.

**proprius**, -a, -um ; id mihi proprium est quod mihi sōlī est. Contrārium quam *commūnis*.

**prōsiliō**, -īre, -uī ; saliō ex.

**prōsperē** ; bene, fēlīciter.

**prōsperus**, -a, -um ; fēlīx, bonus.

**prōspiciō**, -ere, -spexī, -spectum ; spectō ; vertor ad aliquid ; ē longinquō spectō.

**prōsternō**, -ere, -strāvī, -strātum ; dēiciō.

**prōterō**, -ere, -trīvī, -trītum ; obterō, contemnō.

**prōtinus** ; statim.

**prōvehor**, -ī, -vectus sum ; prōcēdō ; *homō prōvectae aetātis* est *homō multōs annōs nātus*.

**prōverbium**, -iī (*n.*) ; vōx sapientiae.

**prōvideō**, -ēre, -vīdī, -vīsum ; caveō ; cūram adhibeō nē quid accidat.

**prōvocō**, -āre ; ēvocō ; ad certāmen aliquem vocō.

**proximus**, -a, -um ; prope, propior, proximus.

**prūdēns**, -entis ; is quī prōvidet ; sapiēns.

**prūdentia**, -ae (*f.*) ; nōmen est ; adiectīvum est *prūdēns*.

**pūblicē** ; adverbium ab adiectīvō *pūblicus* ductum.

**pudet**, -ēre, -uit ; id mē pudet quod efficit ut genae mihi rubeant.

**pudor**, -ōris (*m.*) ; nōmen est, verbum est *pudet*. Pudor efficit ut genae nōbīs rubeant.

**puella**, -ae (*f.*) ; soror est puella, frāter puer.

**pūgna**, -ae (*f.*) ; nōmen ā verbō *pūgnō* ductum.

**pulchritūdō**, -inis (*f.*) ; nōmen est *pulchritūdō*, adiectīvum *pulcher*.

**pullus**, -ī (*m.*).

**puls**, pultis (*f.*) ; cibī genus ex farre aut legūminibus in aquā coctīs.

**pulsus**, -ūs (*m.*) ; nōmen est, verbum est *pellō*.

**pūnior**, -īrī ; sī quando pēnsum male faciō magister mē pūnītur ; poenās ā mē sūmit. Ego—ō mē miserum—poenās dō.

**purgō**, -āre ; pūrum faciō. Cum tabula nigra litterārum est plēna magister puerō cuidam imperat ut eam purget.

**purpurātus**, -ī (*m.*) ; satelles nōbilis quī rēgem comitātur.

**purpureus**, -a, -um ; color quīdam splendidus, paene idem quod *ruber*.

**puteus**, -ī (*m.*); forāmen in terrā dēfossum ex quō aquam haurīmus.
**putris**, -e; nōn recēns.
**pyra**, -ae (*f.*); multa līgna in ūnō locō exstructa super quae cadāver combūrī solet.
**Pyrrhicha**, -ae (*f.*); saltātiō hominum quī arma ferunt.

**quadrātus**, -a, -um; hūius-modī □.
**quadrīgae**, -ārum (*f.*); currus et quattuor equī inter sē iūnctī.
**quadrupēs**, -edis; quī quattuor habet pedēs.
**quaerō**, -ere, quaesīvī, quaesītum; invenīre cōnor, petō. *Quaerō dē aliquō* est *aliquem rogō.*
**quamdiū**; quantum temporis.
**quantī**; quantī pretiī.
**quāpropter**; quam ob causam.
**queror**, -ī, questus sum; aliquid nōn aequum esse putō; indīgnor.
**quies**, -ētis (*f.*); ōtium. Verbum est *quiēscō. Quiētem capiō = dormiō.*
**quiēscō**, -ere, -ēvī, -ētum; quiētem agō, dormiō, nūllum negōtium agō.
**Quirītēs**, -ium (*m.*); Rōmānī.
**quīvīs**, quaevīs, quodvīs; quīcumque tibi placet; ullus.
**quondam**; ōlim, tempore quōdam.

**radius**, -iī (*m.*); quasi lūcis sulcus quem sōl ēdit.
**rāmus**, -ī (*m.*); quasi bracchium arboris.
**rārus**, -a, -um; contrārium quam *dēnsus.* Id est rārum quod nōn saepe vidēmus.
**ratiō**, -ōnis (*f.*); modus.
**raucus**, -a, -um; vōx nōbīs rauca fit sī nimis loquimur.
**recēdō**, -ere, -cēssī, -cēssum; mē recipiō.
**recēns**, -entis; novus.
**recēssus**, -ūs (*m.*); locus remōtus quō nōs recipere possumus cum multitūdinem vītāre cupimus.
**recidō**, -ere, reccidī, recāsum; retrō cadō.
**reciperō**, -āre; iterum capiō.
**recipiō**, -ere, -cēpī, -ceptum; iterum capiō; mē recipiō = redeō.
**recordor**, -ārī; in memoriam revocō.
**recumbō**, -ere, -cubuī; cubō.
**recūsō**, -āre; nōlō, nōn volō; negō.
**reddō**, -ere, -didī, -ditum; faciō.
**redigō**, -ere, -ēgī, -āctum; retrō agō; reddō.
**redimiō**, -īre; cingō, circumdō.
**redimō**, -ere, -ēmī, -emptum; captīvōs pecūniā solūtā redimimus.
**redūcō**, -ere, -dūxī, -ductum; retrō dūcō; retrō aliquid trahō.
**refertus**, -a, -um; omnīnō plēnus.
**refrīgerō**, -āre; frīgidum aliquid reddō.
**refugiō**, -ere, -fūgī; retrō fugiō.
**rēgia**, -ae (*f.*); rēgis domus.
**rēgīna**, -ae (*f.*); rēgis uxor.
**regiō**, -ōnis (*f.*); pars.
**regiōnēs** caelī sunt quattuor:—

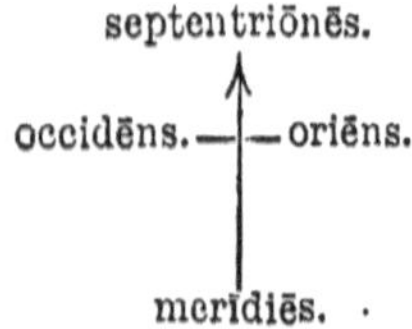

(*septentriōnēs* contrārium quam
*merīdiēs* ubi sōl mediā diē vertitur.
*oriēns* ubi sōl oritur.
*occidēns* ubi sōl in ōceanum occidit.)
**rēgnum**, -ī (*n.*) ; rēx rēgnum obtinet.
**reiciō**, -ere, -iēcī, -iectum ; retrō iaciō ; repellō.
**reliquus**, -a, -um ; relictus ; sī ē tribus librīs ūnum capiō duo sunt reliquī.
**remedium**, -ī (*n.*) ; id quod nōs sānat.
**remittō**, -ere, -mīsī, -missum ; retrō mittō ; abīre sinō.
**remōtus**, -a, -um ; id quod nōn prope est remōtum est.
**remūneror**, -ārī ; praemium alicuī ob benīgnitātem ēius dō.
**rēmus**, -ī (*m.*) ; īnstrūmentum quod manibus per aquam movēmus quō nāvem propellāmus.
**renovō**, -āre ; novum faciō.
**renūntiō**, -āre ; ad aliquem rediēns aliquid nūntiō.
**reor**, rērī, ratus sum ; putō.
**repellō**, -ere, repulī, repulsum ; dēiciō ; retrō iaciō.
**repentīnus**, -ā, -um ; adiectīvum est ; adverbium est *repente.*
**repetō**, -ere, -īvī (-iī) -ītum ; iterum petō ; iterum capiō.
**rēpō**, -ere, -rēpsī, rēptum ; ambulō eō modō quō animal quod nūllōs habet pedēs prōcēdit.
**reprehendō**, -ere, -dī, -sum ; contrārium quam *laudō.*
**reputō**, -āre ; dē aliquā rē cōgitō.
**requiēscō**, -ere, -quiēvī, -quiētum ; quiētem agō, dormiō ut vīrēs recipiam.
**reserō**, -āre ; aperiō.
**reservō**, -āre ; servō.
**resistō**, -ere, -stitī ; contrā aliquem pūgnō.
**respōnsum**, -ī (*n.*) ; nōmen est ; verbum est *respondeō.*
**rēspūblica**, reīpūblicae (*f.*) ; pūblica negōtia ; ratiō haec agendī ; cīvitās.
**restis**, -is (*f.*) ; fūnis.
**restituō**, -ere, -uī, -ūtum ; reddō.
**restō**, -āre, -stitī ; maneō ; reliquus sum.
**rēte**, -is (*n.*) ; id quō piscēs ē marī capimus.
**retegō**, -ere, -tēxī, -tēctum ; contrārium quam *tegō.*
**retexō**, -ere, -uī ; aliquid textum solvō. Contrārium quam *texō.*
**retineō**, -ēre, -tinuī, -tentum ; retrō teneō ; nōn sinō abīre.
**reus**, -ī (*m.*) ; homō accūsātus. *Capitis reus* est is quī dē rē capitālī accūsātus est.
**revēlō**, -āre ; contrārium quam *tegō.*
**revertor**, -ī, -versus sum ; redeō.
**revocō**, -āre ; retrō vocō.
**rigeō**, -ēre ; rigidus sum.
**rigidus**, -a, -um ; dūrus.
**rīma**, -ae (*f.*) ; quasi angustum forāmen. Sī quid dehīscit rīma fit.
**rīpa**, -ae (*f.*) ; pars terrae prope flūmen.
**rīsus**, -ūs (*m.*) ; nōmen est ; verbum est *rīdeō. Rīsuī est mihi = efficit ut rīdeam.*
**rīte** ; rēctō modō ; ut oportet.
**rītū** ; secundum mōrem alicūius.

**rīxa**, -ae (*f.*); pūgna inter paucōs et prīvātōs.
**rōdō**, -ere, rōsī, rōsum; paene idem quod mordeō; dentibus aliquid frangō. Mūres rōdunt chartam. Nōlī unguēs rōdere.
**roga**, -ae (*f.*); pyra.
**rosa**, -ae (*f.*); flōs quīdam pulcherrimus.
**rota**, -ae (*f.*); pars currūs vel plaustrī quae cum volvitur currus prōcēdit.
**rotundus**, -a, -um; līttera O est rotunda.
**rubeō**, -ēre; ruber fīō; genae mihi rubent.
**rudēns**, -entis (*m.*); fūnis nāvis.
**rudō**, -ere, -īvī, -ītum; sonum faciō quālem facit asinus.
**rūmor**, -ōris (*m.*); fāma.
**rūpēs**, -is (*f.*); saxum māgnum.
**rūrsus**; iterum.

**saccus**, -ī (*m.*).
**sacerdōs**, -ōtis (*m.*); quī sacra cūrat.
**sacra**, -ōrum (*n.*); rēs sacrae.
**sacrificium**, -ī (*n.*); nōmen est, verbum est *sacrificō*.
**sacrificō**, -āre; animal interficiō āc combūrō ut deōs plācem.
**saeculum**, -ī (*n.*); centum annī.
**saepenumerō**; saepe.
**saeviō**, -īre; saevum mē praestō.
**saevitia**, -ae (*f.*); nōmen est *saevitia*, adiectīvum *saevus*.
**sāga**, -ae (*f.*); fēmina quae magicam artem scit; plērumque foedā sunt speciē; nigrae fēlēs eās comitantur.
**sagācitās**, -tātis (*f.*); nōmen est; adiectīvum est *sagāx*.
**sagāx**, -ācis; sapiēns; nōn stultus.
**sagitta**, -ae (*f.*); id quod ex arcū ēmīttimus.
**sal**, salis (*m.*); id quod suprā cibum spargimus quō melius percipiāmus sapōrem.
**salsus**, -a, -um; adiectīvum ā nōmine *sal* ductum.
**saltātiō**, -ōnis (*f.*); nōmen ā verbō *saltō* ductum.
**saltō**, -āre; bracchia, pedēs, corpus hūc illūc iactandō ad sonum tībiae moveor. Puer saltat.
**salūbris**, -e; sānus; locus est salūbris ubi paucī aegrōtant.
**salūbritās**, -ātis (*f.*); nōmen est, adiectīvum est *salūbris*.
**salūs**, -ūtis (*f.*); contrārium quam *perīculum*.
**salvus**, -a, -um; tūtus.
**sānē**; scīlicet.
**sanguis**, -inis (*m.*); ruber quīdam liquor quī corporī inest.
**sānō**, -āre; efficiō ut aliquis valeat.
**sapiēns**, -entis; contrārium quam *stultus*.
**sapor**, -ōris (*m.*); id quod linguā percipiō dum edō.
**sarcina**, -ae (*f.*); onus.
**satelles**, -itis (*m.*); minister, praecipuē rēgis minister aut comes.
**satyrus**, -ī (*m.*); satyrī erant hominēs quī silvās habitābant; pedēs caprōrum, nec nōn caudam, habēbant.

**saxeus**, -a, -um ; adiectīvum est, nōmen est *saxum*.
**saxum**, -ī (*n.*) ; lapis māgnus.
**scaena**, -ae (*f.*) ; locus in theātrō ubi histriōnēs stant.
**scelerātus**, -ā, -um ; scelestus.
**scelestus**, -a, -um ; quī scelus facit ; pessimus.
**scelus**, -eris (*n.*) ; nefās ; id quod nōn oportet nōs facere. Scelus est fūrārī, aliquem interficere.
**scēptrum**, -ī (*n.*) ; rēgis baculum.
**scientia**, -ae (*f.*) ; nōmen ā verbō *sciō* ductum.
**scīlicet** ; scīre licet ; nīmīrum, sine dubiō, ut omnēs intellegere possunt.
**sciō**, -īre, scīvi, scītum ; intellego.
**scīscitor**, -ārī ; interrogō ; quaerō.
**scopulus**, -ī (*m.*) ; saxum.
**scrīptūra**, -ae (*f.*) ; aliquid scrīptum.
**sculptor**, -ōris (*m.*) ; is quī sīgna ex marmore fingit.
**scūtum**, -ī (*n.*). Vidē pāginam centēsimam trīgēsimam secundam.
**sēcrētus**, -a, -um ; remōtus ; nōn pūblicus.
**secūris**, -is (*f.*) ; īnstrūmentum quō arborēs abscīdimus.
**secus** ; aliter ; nōn rēctē.
**sēdēs**, -is (*f.*) ; sella.
**sēmimortuus**, -a, -um ; paene mortuus.
**sēmisomnus**, -a, -um ; vix vigilāns.
**sēmoveō**, -ēre, -mōvī, -mōtum ; āmoveō, removeō.
**senātus**, -ūs (*m.*) ; ōrdō virōrum quōrum cōnsiliō rēspūblica regitur.
**senectūs**, -tūtis (*f.*) ; aetās senis.
**senex**, senior, nātū māximus ; contrārium quam *iuvenis*.
**sēnsus**, -ūs (*m.*) ; id quō aliquid percipimus. Nōmen est *sēnsus*, verbum *sentiō*.
**sententia**, -ae (*f.*) ; verbōrum numerus quī sēnsum habet ; vōx iūdicum aut damnantium aut absolventium. *Sententia philosophī* est id quod philosophus cēnset.
**sentiō**, -īre, sēnsī, sēnsum ; animō percipiō ; intellegō ; patior.
**sepeliō**, -īre, -īvī (-iī) -ultum ; in terram cadāver īnserō.
**septentriōnālis**, -e, est adiectīvum ; nōmen est *septentriōnēs*.
**septentriōnēs**, -um (*m.*) ; vidē *regiōnēs caelī*.
**sepulcrum**, -ī (*n.*) ; locus in quō homō mortuus inclūditur.
**sepultūra**, -ae (*f.*) ; nōmen ā verbō *sepeliō* ductum.
**sequor**, -ī, secūtus sum ; eō post aliquem.
**Sēres**, -um (*m.*) ; sunt eī quī partem Asiae ad orientem versam habitant. Hodiē capillum quasi in fūnem coāctum gerunt.
**sērica** vestis est molle genus vestis ex eā māteriā ā Sēribus factum quam minūtum quoddam animal ē corpore suō quasi texit.
**seriēs**, -ēī (*f.*) ; numerī seriem faciunt, i, ii, iii, iiii, v.
**sermō**, -ōnis (*m.*) ; est sermō dum loquimur.
**serō**, -ere, sēvī, satum ; in terram īnserō.
**serpēns**, -entis (*f.*) ; animal quod serpit.

**serpō**, -ere, serpsī, serptum ; rēpō.
**servitūs**, -ūtis (*f.*) ; contrārium quam *lībertās*. Servī in servitūte sunt.
**servō**, -āre ; tūtum vel salvum faciō ; cūstōdiō ; dēfendō.
**sēta**, -ae (*f.*) ; capillus quālem habet porcus.
**sevēriter** ; adverbium ab adiectīvō *sevērus* ductum.
**sevērus**, -a, -um ; saevus, crūdēlis.
**sīcārius**, -ī (*m.*) ; is quī alium interficit.
**siccitās**, -ātis (*f.*) ; nōmen est, adiectīvum est *siccus*.
**siccō**, -āre ; siccum aliquid reddō.
**siccus**, -a, -um ; contrārium quam *madidus*.
**sīcut** ; ut, quasi, tamquam.
**sīdus**, -eris (*n.*) ; astrum.
**sīgnō**, -āre ; sīgnum faciō.
**sīgnum**, -ī (*n.*) ; id est sīgnum quod aliquid sīgnificat vel indicat. Sīgnum deī est aliquid ē marmore plērumque factum quod fōrmam deī imitātur. Sīgnum bellī est sonus tubae.
**silentium**, -ī (*n.*) ; est silentium cum omnēs silent.
**sileō**, -ēre, -uī ; taceō.
**silva**, -ae (*f.*) ; multae arborēs in ūnō locō sitae sunt silva.
**similitūdō**, -inis (*f.*) ; nōmen est ; adiectīvum est *similis*.
**sīmius**, -iī (*m.*) ; animal hominī simillimum. Sunt quī dīcant genus hūmānum ā sīmiīs esse ductum.
**simplex**, -icis ; facilis.
**simul** āc ; eōdem tempore quō ; statim.
**simulācrum**, -ī (*n.*) ; sīgnum, imāgō, effigiēs.
**simulātiō**, -ōnis (*f.*) ; nōmen ā verbō *simulō* ductum.
**simulō**, -āre ; simulō mē esse quod rē vērā nōn sum. Sī lātrō simulō mē esse canem ; sī mūgiō bovem mē esse simulō.
**sinister**, -tra, -trum ; contrārium quam *dexter*.
**sinus**, -ūs (*m.*) ; duplex pars vestis in quā rēs ferre possumus.
**sīs** ; sī vīs, sī tibi placet.
**sīstrum**, -ī (*n.*) ; sacra speciēs crepundiōrum.
**sitiō**, -īre, -īvī (-iī) ; bibere volō.
**sitis**, -is (*f.*) ; *sitim habeō = sitiō*.
**situs**, -a, -um ; positus.
**soccus**, -ī (*m.*) ; leve calceī genus.
**societās**, -ātis (*f.*) ; grex vel turba sociōrum.
**socius**, -ī (*m.*) ; comes quī negōtium mēcum agit. Is quī contrā aliōs mēcum pūgnat.
**sodālis**, -is (*m. f.*) ; comes.
**solea**, -ae (*f.*) ; soccus.
**solidus**, -a, -um ; integer.
**sōlitūdō**, -inis (*f.*) ; locus quem nēmō habitat.
**solium**, -ī (*n.*) ; sella māgna ; rēgis sella.
**sollers**, -ertis ; sagāx.
**solum**, -ī (*n.*) ; terra.
**sōlus**, -a, -um ; sine aliīs.
**solvō**, -ere, solvī, solūtum ; līberō. *Pecūniam solvō = pecūniam dō. Nāvem solvō = nāvigāre incipiō.*
**somniō**, -āre ; somnium percipiō.
**somnium**, -ī (*n.*) ; id quod mihi dormientī appāret.

**somnus**, -ī (*m.*) ; *somnō mē dō* dum in lectō oculōs claudō.
**sonitus**, -ūs (*m.*) ; sonus.
**sopor**, -ōris (*m.*) ; somnus profundus.
**sordidus**, -a, -um ; nōn pūrus. Sī sordidae sunt manūs lavandae sunt.
**sors**, sortis (*f.*) ; cāsus ; fortūna ; respōnsum ōrāculī.
**spargō**, -ere, sparsī, sparsum ; hūc illūc iactō vel iaciō.
**speciōsus**, -a, -um ; pulcher.
**spectāculum**, -ī (*n.*) ; id quod spectāmus.
**spectātor**, -ōris (*m.*) ; is quī spectāculum spectat.
**speculor**, -ārī ; īnspiciō, spectō.
**spēlunca**, -ae (*f.*) ; quasi māgnum forāmen inter rūpēs.
**spērō**, -āre ; id spērō quod accidere volō.
**spīritus**, -ūs (*m.*) ; animus.
**splendidus**, -a, -um ; clārī colōris ; candidus.
**spoliō**, -āre ; abstrahō, abripiō ; arma vel spolia ab aliquō rapiō.
**spondeō**, -ēre, spopondī, spōnsum ; prōmittō mē aliquid factūrum. *Fīliam spondeō = prōmittō mē fīliam alicuī in mātrimōnium datūrum esse. Aliquem spondeō* = prōmittō mē apud iūdicium ventūrum nisi ille diē cōnstitūtō appāruerit.
**spongia**, -ae (*f.*) ; res quaedam quae sī in aquam immergitur multō gravior fit. In marī crēscit.
**sponte** suā ; sī quis id facit quod nēmō eum facere cōgit, sponte suā facit.
**spuō**, -ere, -uī, -ūtum ; liquōrem ex ōre ēmittō.
**stabulum**, -ī (*n.*) ; dēversōrium ; locus ubi equī cūstōdiuntur.
**stadium**, -ī (*n.*) ; locus in circō ubi cursūs aguntur.
**stāgnum**, -ī (*n.*) ; quasi lacus parvus.
**stāmen**, -inis (*n.*) ; quasi tenuissima pars lānae.
**statim** ; sine morā.
**statiō**, -ōnis (*f.*) ; locus ubi stāre solēmus.
**statuō**, -ere, statuī, statūtum ; pōnō ; locō ; cōnstituō, ēdīcō.
**statūra**, -ae (*f.*) ; altitūdō hominum ; sī quis prōcērus, vel longus, est, māgnā est statūrā.
**status**, -ūs (*m.*) ; modus standī ; verbum est *stō*, nōmen *status*.
**stēlliō**, -ōnis (*m.*).
**sterilitās**, -ātis (*f.*) ; est sterilitās ubi nihil crēscit.
**stertō**, -ere, stertuī ; sonum nāsō faciō dum dormiō. Sī contubernālis tuus ita stertit ut dormīre nōn possīs, in latus eum volve.
**stīlla**, -ae (*f.*) ; minima pars oleī est *stīlla* oleī.
**stilus**, -ī (*m.*) ; īnstrūmentum quō scrībimus.
(**stipem**), -is (*f.*) ; dōnum parvum ; aliquantulum pecūniae.
**stīpes**, -itis (*m.*) ; pars arboris.
**stīpō**, -āre ; contrahō ; dēnsum aliquid faciō.
**strāgula** vestis est vestis quā lectum tegimus.
**strepitus**, -ūs (*m.*) ; sonitus.
**stringō**, -ere, strīnxī, strīctum ; dēprōmō ; *gladium stringō* est *gladium ē vāgīnā extrahō.*
**studeō**, -ēre, -uī (*dat.*) ; operam

librīs dō quō sapientior fīam. *Partibus alicūius studeō*=eī faveō, socius eī fīō.
**studiōsus**, -a, -um ; adiectīvum ā verbō *studeō* ductum.
**studium**, -ī (*n.*) ; nōmen ā verbō *studeō* ductum.
**stupefaciō**, -ere, -fēcī, -factum ; efficiō ut aliquis valdē mīrētur.
**Stygius**, -a, -um ; ad Styga attinēns.
**Styx**, Stygis (-os) (*f.*) ; flūmen quoddam apud īnferōs.
**suāvis**, -e ; dulcis, iūcundus.
**suāvitās**, -ātis (*f.*) ; nōmen est, adiectīvum est *suāvis*.
**subdūcō**, -ere, -dūxī, -ductum ; abdūcō ; abripiō.
**subeō**, -īre, -īvī (-iī), -itum ; eō sub ; patior ; suscipiō. *Tēctum subeō*=intrō.
**subiciō**, -ere, -iēci, -iectum ; iaciō sub ; suppōnō, addō.
**subitō** ; repente.
**submergō**, -ere, -sī, -sum ; immergō.
**subministrō**, -āre ; praebeō.
**subripiō**, -ere, -ripuī, -reptum ; clam abripiō.
**subulcus**, -ī (*m.*) ; is quī suēs cūstōdit.
**succurrō**, -ere, -currī, -cursum ; ad aliquem currō ut auxilium dem.
**sūcus**, -ī (*m.*) ; liquor quī herbīs et arboribus inest.
**sūdor**, -ōris (*m.*) ; liquor quī dum fēstīnāmus per tōtum corpus fluit.
**suggestus**, -ūs (*m.*) ; locus altior unde ōrātor ōrātiōnem ad populum habet ; rostrum, pulpitum.
**sulcus**, -ī (*m.*) ; quasi longum forāmen in terrā dēfossum quod agricola arandō facit.
**sūmō**, -ere, sūmpsī, sūmptum ; capiō.
**superbia**, -ae (*f.*) ; nōmen est, adiectīvum est *superbus*.
**superbus**, -a, -um ; contrārium quam *humilis*.
**supergredior**, -ī, -grēssus sum ; superō.
**superō**, -āre ; vincō, praecēdō, antecēdō.
**supersum**, -esse, -fuī ; restō ; nōn pereō.
**supplex**, -icis ; is est supplex quī precātur.
**supplicium**, -ī (*n.*) ; poena.
**suppōnō**, -ere, -posuī, -positum; sub aliquid pōnō. Aliquid in locō alterīus reī pōnō.
**sursum** ; ex īnferiōre ad superiōrem partem.
**sūs**, suis (*m. f.*) ; porcus.
**suscipiō**, -ere, -cēpī, -ceptum ; capiō ; aliquid faciendum prōmīttō mē factūrum esse.
**suspendium**, -ī (*n.*) ; nōmen est ; verbum est *suspendō*.
**suspendō**, -ere, -dī, -sum ; pendō ; tabulās pīctās de mūrīs suspendimus.
**suspiciō**, -ere, -spexī, -spectum ; sursum spectō.
**suspicor**, -ārī ; nōn prō certō habeō, sed putō.
**sustineō**, -ēre, -tinuī, -tentum ; ita aliquid teneō ut cadere nōn possit ; perferō, patior.
**sūtor**, -ōris (*m.*) ; is quī soccōs āc calceōs facit.

**tabella**, -ae (*f.*) ; tabula parva.
**taberna**, -ae (*f.*) ; dēversōrium ; locus ubi rēs vēnduntur.
**tabernāculum**, -ī (*n.*) ; mīlitēs in tabernāculīs dormiunt.

**tāctus**, -ūs (*m.*); nōmen est, verbum est *tangō*.
**taeda**, -ae (*f.*); fax.
**taedium**, -ī (*n.*); nōmen est, verbum est *taedet*.
**taeter**, -tra, -trum; foedus, nōn iūcundus.
**tālus**, -ī (*m.*); membrum corporis inter pedem et crūs.
**tamdiū**; tantum temporis.
**tantum**; sōlum; modo.
**tantus**, -a, -um; tam māgnus.
**tardō**, -āre; tardum aliquem reddō.
**tardus**, -a, -um; contrārium quam *celer*.
**tēctum**, -ī (*n.*); superior pars cellae vel domūs.
**tēlā**, -ae (*f.*); id quod teximus.
**tellūs**, -ūris (*f.*); terra.
**tēlum**, -ī (*n.*); īnstrūmentum quō aliquem interficere possumus.
**temperō**, -āre; aliquid cum aliā rē mīsceō ut ēius vigōrem dēminuam.
**tempestās**, -ātis (*f.*); est tempestās cum ventus māgnā vī flat. Aut salūbritās aut pēstilentia locī.
**templum**, -ī (*n.*); domus deī.
**temptō**, -āre; cōnor.
**tenebrae**, -ārum (*f.*); contrārium quam *lūx*.
**tenuis**, -e; nōn crassus; mollis.
**tenus** (*abl.*); ūsque ad.
**tergum**, -ī (*n.*); pars corporis posterior. Contrārium est frōns. *Tergum dō=fugiō.*
**terminus**, -ī (*m.*); fīnis; regiō cōnstitūta.
**terreō**, -ēre; terrōre aliquem afficiō; efficiō ut aliquis timeat.
**terribilis**, -e; id terribile est quod nōs terret.
**terror**, -ōris (*m.*); timor māgnus.
**tēstimōnium**, -ī (*n.*); id quod tēstis dīcit.
**tēstis**, -is (*m.*); is quī dīcit sē aliquid vīdisse.
**tēstor**, -ārī; tēstis tēstātur.
**texō**, -ere, texuī, textum; vestēs texendō facimus.
**thalamus**, -ī (*m.*); cubiculum uxōris.
**theātrum**, -ī (*n.*); locus ubi lūdōs aliave spectācula spectāmus.
**thēsaurus**, -ī (*m.*); māgna cōpia pecūniae.
**Thessalia**, -ae (*f.*); pars septentriōnālis Graeciae. 
**thyrsus**, -ī (*m.*); scēptrum Bacchī.
**tībia**, -ae (*f.*); īnstrūmentum mūsicae quō ūtimur īnflandō.
**tīgnum**, -ī (*n.*); rēs quaedam līgnea et longa et quadrāta. Tīgna tēctum sustinent.
**timidus**, -a, -um; is quī timēre solet est timidus.
**titubō**, -āre; hūc illūc quasi cadō dum ambulāre cōnor. Ebriī titubant.
**tondeō**, -ēre, totondī, tōnsum; secō, abscīdō, praecipuē crīnēs.
**tōnsor**, -ōris (*m.*); is quī crīnēs tondet.
**tormentum**, -ī (*n.*); īnstrūmentum quō hominēs cruciāmus.
**torqueō**, -ēre, torsī, tortum; excruciō.
**torreō**, -ēre, torruī, tostum; ignī aliquid siccum faciō. Sōl torret terram.

**torridus**, -a, -um ; siccus, tostus.
**torus**, -ī (*m.*) ; lectus.
**tōtus**, -a, -um ; cūnctus ; omnis.
**tractō**, -āre ; tangō ; agō.
**trādō**, -ere, trādidī, trāditum ; dō ; alicuī ut cūstōdiat dō.
**trāiciō**, -ere, -iēcī, -iectum ; iaciō trāns ; perforō.
**trānseō**, -īre, -īvī (-iī), -itum ; eō trāns ; abeō.
**trānsferō**, -ferre, -tulī, -lātum ; ferō trāns ; āmoveō.
**trānsnatō**, -āre ; natō trāns.
**trepidus**, -a, -um ; terrōre affectus.
**trīceps**, -cipitis ; cuī tria sunt capita trīceps est.
**triclīnium**, -ī (*n.*) ; lectus in quō recumbimus dum cēnāmus.
**trīduum**, -ī (*n.*) ; trium diērum spatium.
**triplex**, -icis ; quasi trēs partēs habēns.
**trucīdō**, -āre ; interficiō, occīdō.
**trūdō**, -ere, -sī, -sum ; pellō ; immīttō.
**truncus**, -ī (*m.*) ; pars arboris ; nōn est rāmus, sed quasi corpus arboris.
**tuba**, -ae (*f.*).
**tubicen**, -cinis (*m.*) ; is quī tubā canit.
**tugurium**, -ī (*n.*) ; domus pauperis ; casa līgnea.
**tumeō**, -ēre ; tumidus fīō.
**tumidus**, -a, -um ; adiectīvum est ; nōmen est *tumor*.
**tumor**, -ōris (*m.*) ; sī caput tuum vehementer percutiō tumor rotundus in capite fit. Verbum est *tumeō*.
**tumultus**, -ūs (*m.*) ; sonus atque mōtus quem irruentēs facimus.
**tumulus**, -ī (*m.*) ; quasi tumor terrae ; sepulcrum.
**tundō**, -ere, tutudī, tūnsum ; pulso.
**tunica**, -ae (*f.*) ; vestis quae sub aliīs vestibus est.
**turpis**, -e ; foedus.
**tūtor**, -ārī ; servō, dēfendō.
**tympanum**, -ī (*n.*) ; īnstrūmentum quoddam rotundum quod quatiendō sonum facimus.
**tyrannus**, -ī (*m.*) ; prīnceps ; rēx.

**ulcīscor**, -ī, ultus sum ; vindicō.
**ultiō**, -ōnis (*f.*) est nōmen ; verbum est *ulcīscor*.
**umbra**, -ae (*f.*) ; āēr sōle carēns ex obiectū alicūius corporis, ut parietis, arboris.
**umerus**, -ī (*m.*) ; pars tergī superior suprā quam situm est caput.
**uncus**, -ī (*m.*) ; aliquid dē uncō suspendere possumus.
**unde** ; ex quō locō.
**unguentum**, -ī (*n.*) ; rēs quaedam mollis quam membrō quod laesum est impōnimus.
**unguis**, -is (*m.*) ; summa pars digitī.
**ungula**, -ae (*f.*) ; pēs equī.
**ūniversus**, -a, -um ; omnis, tōtus.
**urbānus**, -a, -um ; quī urbem habitat.
**ūrna**, -ae (*f.*) ; vas ; praecipuē aut vās quod ossa combūsta mortuī hominis continet, aut vās in quod iūdicēs tabellās iaciunt.

**ūrō**, -ere, ussī, ūstum; īgnis quicquid tangit ūrit.

**ūsquam**; contrārium quam *nūsquam*.

**ūsūra**, -ae (*f.*); sī mūtuam pecūniam ā mē accēpistī atque ego tibi imperō ut plūs reddās quam accēpistī, id est ūsūra.

**ūsus**, -ūs (*m.*); nōmen est *ūsus*, verbum ūtor. *Id mihi ūsuī est quō possum ūtī, ūtile est mihi.*

**ūter**, -tris (*m.*); pellis in quā Rōmānī aquam portābant.

**ūtilis**, -e; id est ūtile quō ūtī possum. Contrārium est *inūtilis*.

**utinam**; exclāmātiō volentis vel cupientis.

**ūvae**, -ārum (*f.*).

**vacuus**, -a, -um; id est vacuum quod nihil continet. Contrārium est *plēnus*.

**vāgīna**, -ae (*f.*); id quod gladium continet.

**vāgiō**, -īre; fleō ut īnfāns.

**vagor**, -ārī; hūc illūc ambulō.

**valeō**, -ēre; validus sum.

**valētūdō**, -inis (*f.*); nōmen est; verbum est *valeō*.

**vallēs**, -is (*f.*); locus humilior inter montēs.

**valvae**, -ārum (*f.*); forēs.

**vāpulō**, -āre; verberor.

**vās**, vāsis (*n.*).

**vastō**, -āre; regiōnem vastō sī omnēs incolās interficiō.

**vātēs**, -is (*m. f.*); sacerdōs; quī rēs sacrās cūrat.

**vāticinor**, -ārī; vātis ritū praedīcō.

**vēcors**, -cordis; vēsānus.

**vegetus**, -a, -um; ācer, valēns.

**vehementer**; māgnā vī.

**vēlōx**, -ōcis; celer.

**vēlum**, -ī (*n.*); linteum quod mālō nāvis affīgimus.

**vēna**, -ae (*f.*); id per quod sanguis in corpore fluit.

**vēnābulum**, -ī (*n.*); pīlum quālī ūtuntur vēnātōrēs.

**vēnātiō**, -ōnis (*f.*); nōmen est, verbum est *vēnor*.

**vēnātor**, -ōris (*m.*); is quī vēnātur.

**vēnditor**, -ōris (*m.*); is quī vēndit.

**vēndō**, -ere, -didī, -ditum; contrārium quam *emō*.

**venēnum**, -ī (*n.*); liquor quem sī bibimus morimur.

**venerātiō**, -ōnis (*f.*); nōmen est, verbum est *veneror*.

**veneror**, -ārī; deōs venerāmur.

**venia**, -ae (*f.*); potestās; *veniam dō*=sinō, vel parcō tibi.

**vēnor**, -ārī; animālia persequor ut ea capiam.

**venter**, -ris (*m.*); pars corporis quō cibus it; stomachus.

**ventus**, -ī (*m.*); quasi āēr quī movētur.

**vēnum** aliquid dō sīgnificat *in tabernā aliquid pōnō ut vēndam.*

**vēr**, vēris (*n.*); vidē *hiemps*.

**verber**, -eris (*n.*); id quod tibi dō sī tē pulsō.

**verberō**, -āre; flagellō, pulsō.

**vērē**; rē vērā; rēctē.

**vereor**, -ērī, veritus sum; timeō.

**vēritās**, -tātis (*f.*); contrārium quam *mendācium*.

**versō**, -āre; vertō; efficiō ut aliquid volvātur.

**vēsānus**, -a, -um; īnsānus.

**vescor**, -ī; edō.
**vesper**, -eris vel -erī (*m.*); tempus inter diem et noctem.
**vestibulum**, -ī (*n.*); prīma pars domūs.
**vestis**, -is (*f.*); id quō corpus tegitur vel amicītur.
**vetō**, -āre, -uī, -itum; nōn sinō; alicuī imperō nē aliquid agat.
**vetus**, -eris; contrārium quam *novus*.
**vexō**, -āre; perturbō, agitō dolōre aliquem afficiō.
**viātor**, -ōris (*m.*); quī iter facit.
**vicārius**, -a, -um; id est vicārium quod prō aliō faciō; ad alium attinēns.
**vicēs** (*f.*); mūtātiōnēs.
**vīcīnus**, -ī (*m.*); is quī prope nōs habitat.
**victor**, -ōris (*m.*); is quī vincit.
**victōria**, -ae (*f.*); nōmen ā verbō *vincō* ductum.
**videor**, -ērī, vīsus sum; *hōc mihi vidētur bonum esse* sīgnificat *putō hōc esse bonum.*
**vidua**, -ae (*f.*); cuī marītus iam mortuus est.
**vigilia**, -ae (*f.*); pars noctis; quattuor erant vigiliae ternās continentēs hōrās.
**vigilō**, -āre; nōn dormiō.
**vigor**, -ōris (*m.*); vīs.
**vīlis**, -e; contrārium quam *pretiōsus*.
**vīnārius**, -a, -um; ad vīnum attinēns.
**vinciō**, -īre, vīnxī, vīnctum; vinculīs cingō.
**vinculum**, -ī (*n.*); id quod manibus et pedibus eōrum quī in carcere sunt impōnimus.
**vindēmia**, -ae (*f.*); frūctus vītis.
**vindicō**, -āre; id mihi vindicō quod meum esse dīcō. Poenās dīgnās sūmō.
**vīnea**, -ae (*f.*); locus ubi crēscunt vītēs.
**vīnum**, -ī (*n.*); id quod ex ūvīs facimus.
**violentia**, -ae (*f.*); vīs valida.
**virginālis**, -e; ad virginēs attinēns.
**virgō**, -inis (*f.*); puella nōndum in mātrimōnium ducta.
**virgulta**, -ōrum (*n.*); tenuissimī arboris rāmī.
**viridis**, -e; color quīdam; ager est viridis.
**vīscera**, -um (*n.*); partēs corporis interiōrēs.
**vīta**, -ae (*f.*); contrārium quam *mors*. Verbum est *vīvō*, nōmen *vīta*.
**vitellus**, -ī (*m.*); pars ōvī interior.
**vītēs**, -is (*f.*); arbor quae ūvās prōcreat.
**vitium**, -ī (*n.*); aliquid male factum.
**vītō**, -āre; cōnor aliquem fugere.
**vitulus**, -ī (*m.*); bōs parvus.
**vōciferor**, -ārī; clāmō.
**Volcānus**, -ī (*m.*); deus īgnis.
**volgus**, -ī (*n.*); plēbs.
**volnerābilis**, -e; id est volnerābile quod volnerāre possumus.
**volnerō**, -āre; volnus dō.
**volō**, -āre; avis volāre potest, homō non potest. Nōnnūllī tamen īnstrūmentō mīrābilī ūtentēs cōnantur.
**voltus**, -ūs (*m.*); ōs, faciēs.
**volucris**, -is (*f.*); avis.
**volvō**, -ere, volvī, volūtum; id quod rotundum est volvitur, volvendō sē movet.
**vōtum**, -ī (*n.*); id quod volō habēre.

www.ingramcontent.com/pod-product-compliance
Lightning Source LLC
Chambersburg PA
CBHW021334190726
48288CB00003B/1101

* 9 7 8 1 9 9 9 8 5 5 7 4 1 *